迷ったときに答えをくれる！

キャメレオン竹田のタロットルーム

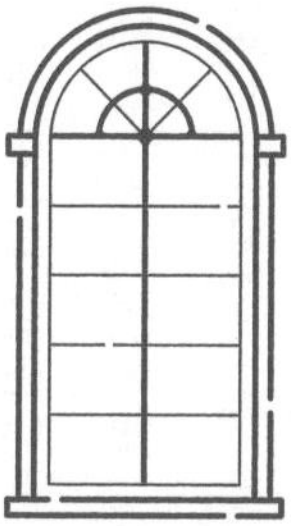

キャメレオン竹田＝著

ナツメ社

はじめに

こんにちは、キャメレオン竹田です。

タロットカードは、通常、78枚を使って占いをします。

しかし、初心者にとって、いきなり78枚を使って占いをするのは、なかなか難しいでしょう。そこで、この本は、誰でも簡単に占いができるように工夫しました。

よくある占いの質問（たくさん用意しました）に応じて、あらかじめ使うカードを選択しちゃったのです。

4枚バージョン、6枚バージョン、8枚バージョンで占うといった画期的なものになっております。そして、引いたカードのところを読むだけで、占いが完了します。
さらに、切り取って使えるタロットカードが別冊で
付いていますから、この本を手にした瞬間から、
すぐさまタロット占いができるのです。
さあ、ぐずぐずしている暇はありません。
あなたが、今、知りたいことを質問の中から探し出し、
それに使用するタロットを選択し、
タロット占いをスタートさせちゃいましょう。
すでに、あなたは、タロット占い師と化しますから、
あなたの周りの人もどんどん占ってあげましょう。
タロット占いは、驚くほど当たる占術ですから、
楽しくってしょうがなくなることでしょう。

Contents

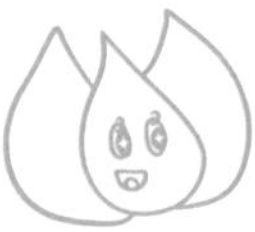

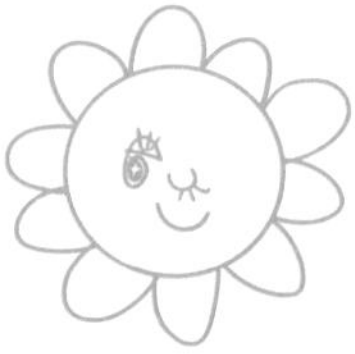

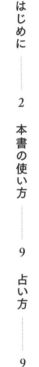

第2章 Chapter 2

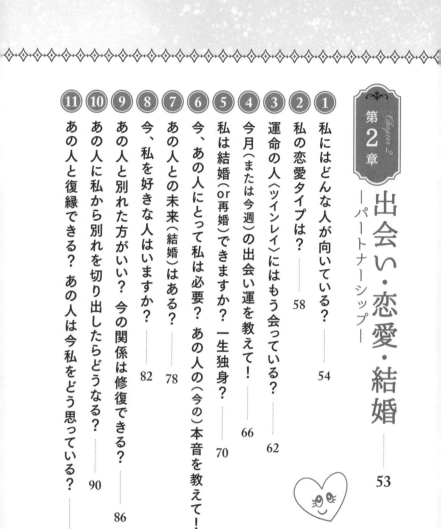

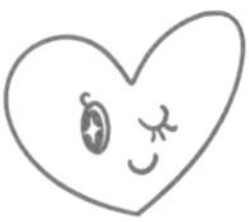

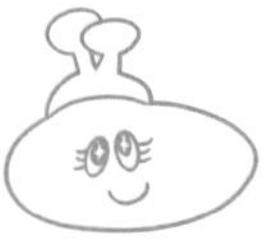

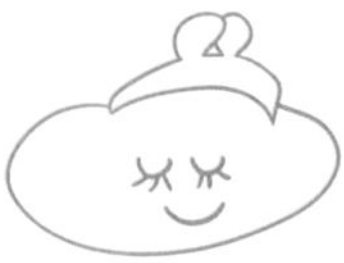

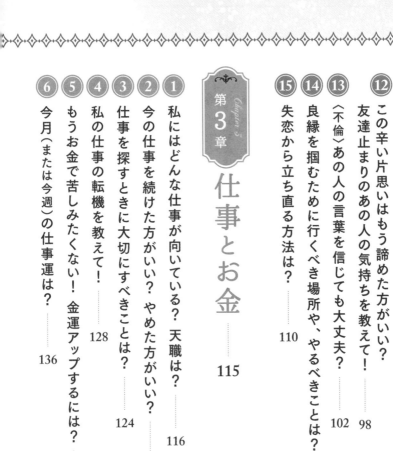

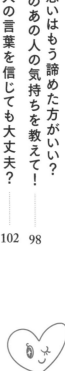

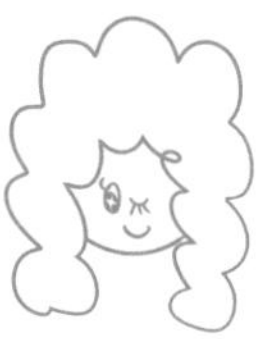

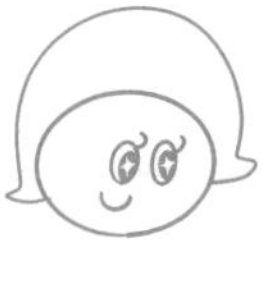

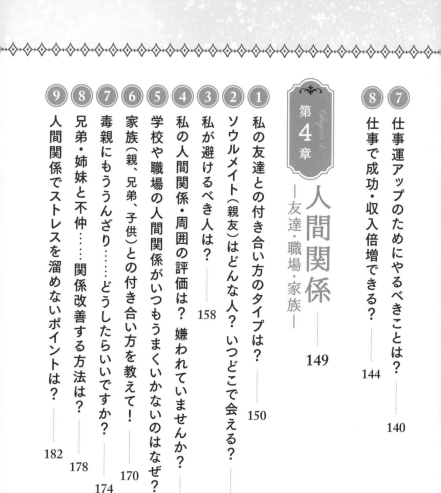

本書の使い方

Ⓐ 占いの事柄、
占えるテーマ

Ⓑ Ⓐの事柄を
占う際に使う
タロットカード

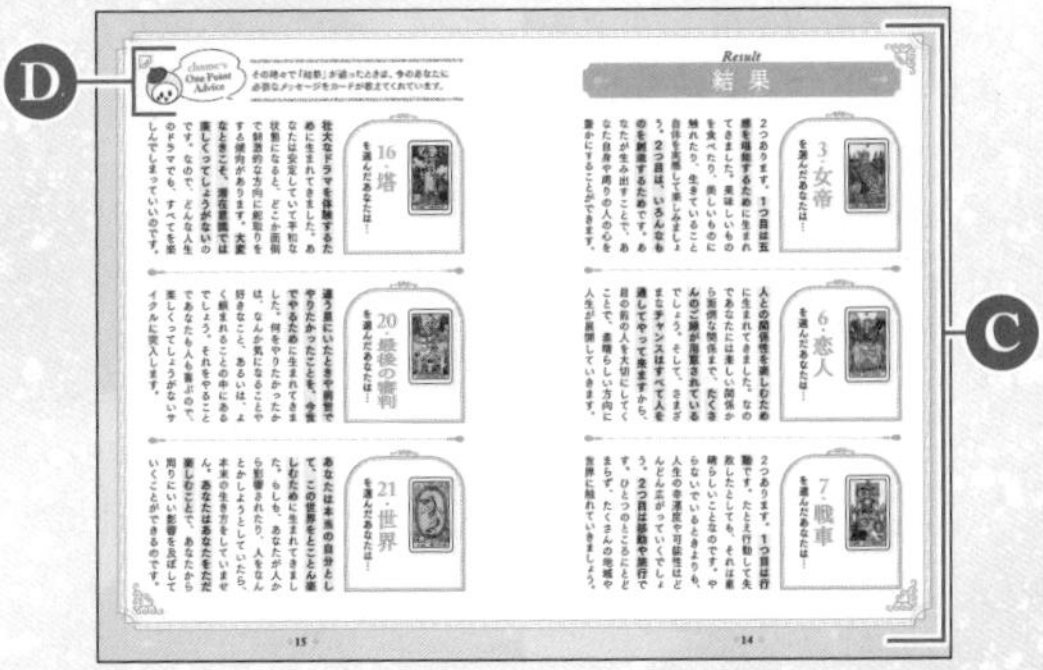

Ⓒ 占いの結果

Ⓓ ワンポイント
アドバイス

占い方

この本では
すべて正位置で
占います。
（逆位置はとりません）

1. タロットカード78枚を用意します。
2. 占いたい事柄をこの本の中から探します。
3. 選んだ占いたい事柄のページを開いて、
78枚のタロットカードの中から使用するタロットカードをチョイスします。
4. そのチョイスしたカードだけでトランプのようにシャッフルをします。
5. 枚数が少ないので、シャッフルしにくかったら、机の上に並べながらなど、
あなたなりに自由に工夫してOKです。
6. シャッフルし終わったカードの中から、直感で1枚選んで、
占い結果を読みます。

FAQ❶

chame'sレクチャー

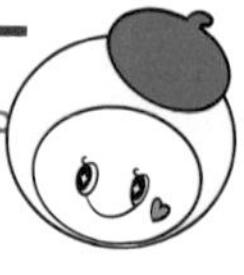

≪基本編≫

Q
大アルカナって何？意味を教えて！

大アルカナは、小アルカナよりも1枚に、いろんな意味合いが込められています。エネルギー的にとても強く、フルデッキ（78枚すべて）ではなく、大アルカナの22枚だけでも十分、占いをすることができます。

Q
タロットカードってそもそも何？

大アルカナと呼ばれる22枚のカードと、小アルカナと呼ばれる56枚の、全部で78枚から成るカードのことです。

「アルカナ」には「隠されている秘密！」といったニュアンスがあって、カードに描かれたさまざまな絵柄から、インスピレーションや神秘を受け取れます。

Q
小アルカナって何？それぞれの意味は？

小アルカナには、ワンド、ソード、カップ、ペンタクル（コイン）と呼ぶ、４つのスート（シンボル・種類）があります。各14枚、全56枚ありますが、それぞれのスートがカードに描かれているのでわかりやすいです。

◆ ペンタクル ◆
PENTACLE

「金貨」のこと。地（物質）を意味。物質的な豊かさ、お金、仕事などを表すカード。

◆ カップ ◆
CUP

「聖杯」のこと。水（感情・愛情）を意味。心もようによってカップは変わっていきます。

◆ ソード ◆
SWORD

「剣」のこと。風（思考）を意味。精神力、知性、論理や思考を示すカードです。

◆ ワンド ◆
WAND

「こん棒」のこと。火（情熱）を意味。情熱や創造、活力などに関わるカード。

Chapter 1

-PERSONALITY-

◆第1章

自分の本質

PERSONALITY

①

私は何のために生まれてきたの？

Let's try it!

このカードで占おう！

3. 女帝

6. 恋人

7. 戦車

16. 塔

20. 最後の審判

21. 世界

Result

結果

3.女帝 を選んだあなたは…

2つあります。**1つ目は五感を堪能するため**に生まれてきました。美味しいものを食べたり、美しいものに触れたり、生きていること自体を実感して楽しみましょう。**2つ目は、いろんなものを創造するため**です。あなたが生み出すことで、あなた自身や周りの人の心を豊かにすることができます。

6.恋人 を選んだあなたは…

人との関係性を楽しむために生まれてきました。なのであなたには楽しい関係から面倒な関係まで、**たくさんのご縁が用意されている**でしょう。そして、さまざまな**チャンスはすべて人を通してやって来ます**から、目の前の人を大切にしていくことで、素晴らしい方向に人生が展開していきます。

7.戦車 を選んだあなたは…

2つあります。**1つ目は行動**です。たとえ行動して失敗したとしても、それは素晴らしいことなのです。やらないでいるときよりも、人生の幸運度や可能性はどんどん広がっていくでしょう。**2つ目は移動や旅行**です。ひとつのところにとどまらず、たくさんの地域や世界に触れていきましょう。

chame's One Point Advice

その時々で「結果」が違ったときは、今のあなたに必要なメッセージをカードが教えてくれています。

16・塔 を選んだあなたは…

壮大なドラマを体験するために生まれてきました。あなたは安定していて平和な状態になると、どこか面倒で刺激的な方向に舵取りをする傾向があります。**大変なときこそ、潜在意識では楽しくってしょうがない**のです。なので、どんな人生のドラマでも、すべてを楽しんでしまっていいのです。

20・最後の審判 を選んだあなたは…

違う星にいたときや前世でやりたかったことを、今世でやるために生まれてきました。何をやりたかったかは、なんか気になることや好きなこと、あるいは、よく頼まれることの中にあるでしょう。それをやることであなたも人も喜ぶので、楽しくってしょうがないサイクルに突入します。

21・世界 を選んだあなたは…

あなたは本当の自分として、この世界をとことん楽しむために生まれてきました。もしも、あなたが人から影響されたり、人をなんとかしようとしていたら、本来の生き方をしていません。**あなたはあなたをただ楽しむこと**で、あなたから周りにいい影響を及ぼしていくことができるのです。

PERSONALITY

2

私の基本性格・性質を教えて！

Let's try it!

このカードで占おう！

ワンドの
エース

カップの
エース

ソードの
エース

ペンタクルの
エース

Result

結果

ワンドのエースを選んだあなたは…

あなたはとても素直かつ純粋で、天真爛漫です。嘘がつけないので、心の中はすぐに顔に出るなど、とてもわかりやすい人でしょう。子供のようなところがあり、興味を持ったことにはいてもたってもいられなくなるところがあります。ただ、熱しやすく冷めやすいところがありますから、**思い立ったらすぐに行動に移すことが開運のカギ**になります。そうすることで、願望が成就しやすくなります。また、**直感的にいろんなことがわかります**から、人に聞いたり情報に惑わされずに、まずは**自分の感覚を大切に**するとうまくいくでしょう。

カップのエースを選んだあなたは…

あなたはとてもスピリチュアル的です。いろんなことを心の中でキャッチすることができるので、人の気持ちを感じ取ったり、予感めいたことがわかったりするでしょう。ただ、あなたはとても優しく共感力が高いため、人の気持ちや場に同化しすぎて疲れてしまうことがあるかもしれません。**人を大切にする以前に、まずは自分を大切にすること**で、エネルギー漏れを起こさず元気に過ごすことができます。また、**存在自体が癒やし系です**から、そこにいるだけで場を和ませたり、声を発するだけでみんなを心地よくさせることができたりするでしょう。

自分の性格とうまく付き合うコツを掴みましょう。

ソードのエースを選んだあなたは…

あなたは現状を正しく理解する能力があり、頭の回転も速いです。何か起きても、じゃあこうすればいいよね！というのがすぐにわかるでしょう。必要な情報もあっという間に調べたり集めてきたりすることができます。また、話が上手で、人にわかりやすく物事を説明することができます。ただ、**少々言葉選びがストレートで辛辣なところがあります**から、話し相手によっては少々注意が必要かもしれません。とはいえ、あなたは、**覚悟を決めれば、どんなことも乗り越えられる強い精神力を兼ね備えています**。どんどん突き進んでいきましょう。

ペンタクルのエースを選んだあなたは…

あなたはとても落ち着いていて、何事もやりっぱなしということはなく、物事を着々と形にすることができる人です。そして、人に安心感を与えて、着実に信頼関係を築いていくことができます。ただ、若干マイペースなところがあるので、何事も時間がかかることが多いでしょう。また、変化を嫌う性質があり、新しいことを取り入れたり、変更が生じると、一瞬パニックになることがあるかもしれません。ですが、**職人のようにコツコツと一度決めたら繰り返しやり続ける忍耐力があり、一度安定させると、それを継続する力は素晴らしいでしょう。**

PERSONALITY

3

私の強みや才能、得意なことは何？

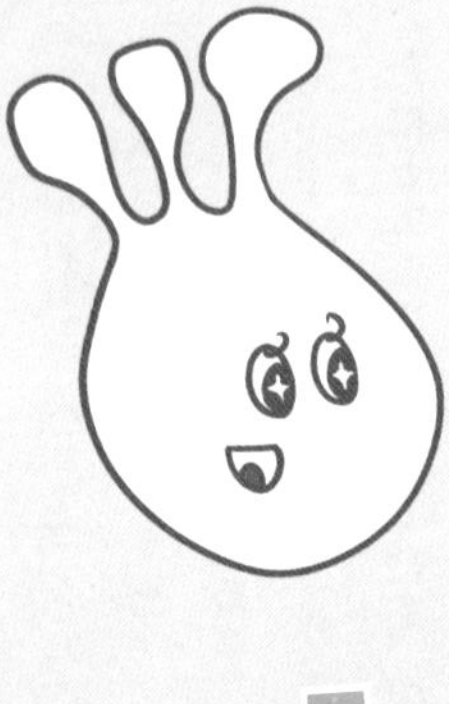

Let's try it!

このカードで占おう！

ワンドの
クイーン

ワンドの
キング

カップの
クイーン

カップの
キング

ソードの
クイーン

ソードの
キング

ペンタクルの
クイーン

ペンタクルの
キング

Result

結果

ワンドの クイーン を選んだあなたは…

あなたは**輝く太陽のように存在そのものが魅力的でカリスマ性があります。**人を惹きつけるパワーがありますから、あなたが楽しそうにしているだけで、磁力が発生し、あなたの周りに人が集まってくるでしょう。

カップの クイーン を選んだあなたは…

あなたには**美的なセンスや芸術的な才能があります。**メイクや身につけているものやインテリア、あるいは、創作したりデザインするものなど、人の心を惹きつけて離さなかったり、トキめかせるパワーがあります。

ワンドの キング を選んだあなたは…

あなたは**チームをまとめるなど、リーダーシップの才能があります。**話が面白かったり、聞き上手であったり、あるいは、面倒見がよかったりするので、楽しみながら、チームを作り、まとめることができます。

カップの キング を選んだあなたは…

あなたは**陰陽師のような才能があります。**相手が何を考えているかや、どうすれば元気になるかなど、感覚としてわかったりするでしょう。考える前に行動をして、目の前の問題がいつの間にか解決してしまうことも。

chame's One Point Advice

好きなことって人生をワクワクさせますよね！

ソードのクイーンを選んだあなたは…

あなたは**有言実行力があり、とにかく仕事ができます**。覚悟さえ決まってしまえば、どんな困難なことさえも、やり遂げることができるでしょう。もはや、あなたの辞書には不可能は存在しないのかもしれません。

ペンタクルのクイーンを選んだあなたは…

あなたは**手先が器用で**、**モノづくりや職人的な才能があります**。好きな分野に携わることができれば、あなたは頭角を現していくでしょう。レベルアップを図る場合は、変化を恐れず環境を変えていくとGOOD。

ソードのキングを選んだあなたは…

あなたは**先を読む才能があります**。これからどうなるかとか、今進めた方がいいorやめておいた方がいいなど、直感的にわかるでしょう。また、決断力も優れているので、何事もスピーディーで仕事もできる人です。

ペンタクルのキングを選んだあなたは…

あなたは**お金を生み出す才能があります**。その才能は自分で商売を始めることによって大きく花開いていくでしょう。また、欲しいものは必ず手に入れることができますから、目標が高ければ高いほど大成功します。

PERSONALITY

④

私にはどんな生き方が向いている？

Let's try it!

このカードで占おう！

ワンドの
ナイト

カップの
ナイト

ソードの
ナイト

ペンタクルの
ナイト

Result

結果

ワンドのナイトを選んだあなたは…

ワクワクのままに突き進む生き方が向いています。興味が湧いたら、それはGOの印なのです。あとでやろうとか、来年にしようなどの発想は手放してしまいましょう。**今できることならば、鉄は熱いうちに打て的に、今すぐでいいのです。**自分自身に許可を出しましょう。そもそも、あなたは、心が燃え上がったら、誰にも止めることはできない勢いがあります。もちろん、失敗することがあるかもしれませんが、人生をトータル的に見ると最高の体験になります。**いつ死んでも悔いがない状態でいることこそ、あなたにぴったりの生き方**なのです。

カップのナイトを選んだあなたは…

感情をとことん楽しむ生き方が向いています。ですので、心との対話をとても大切にするといいでしょう。どんなことも、誰かの意見や情報ではなく、**自分がどう感じるかを確認し、より心が満たされる方を選んでいくといいでしょう。**そうすることで、生きていてよかった〜！という心からの喜びを味わう世界に自分自身を導いていくことができます。しかし、生きていれば、いろんなことがありますから、心を掻き乱されることもあるかもしれません。しかし、それこそが生きる喜びなのです。**出会うすべてのことを味わい尽くしていきましょう。**

自分のやりたいことを大切にしましょう！

ソードのナイトを選んだあなたは…

暇という状態があまり耐えられないあなたは、**次から次へと刺激を求める生き方が向いています。**新しいことや情報などを見つけたらすぐに動いて、見たり、聞いたり、伝えたり、試したりしていくといいでしょう。あなたは、**まだ見たことがない世界をどんどん切り拓いていくことができる人なのです。**あなたが草分けをしていくことで、あなたの後ろに続く人は、より進みやすくなるでしょう。もしも、生きる力を失っている状態だとしたら、それは単なる刺激不足です。**無謀かも!?と思うくらいに、新しいことにチャレンジしていくといいでしょう。**

ペンタクルのナイトを選んだあなたは…

自分を大切にしながら、とにかくマイペースな生き方が向いています。あなたは自分のリズムがあって、それにきちんと合わせていくことで、焦らなくても着実にやりたい方向に自分自身を導いていくことができます。しかしながら、周りに気を遣ったり、周りの意見を鵜呑みにしたりを続けてしまうと、本来の道からどんどんズレた方向に進んでしまいます。あまりにズレてしまうと、戻るのが大変になってしまいます。ですので、ちょっとのことでも、**相手の顔色をうかがうのではなく、いちいち自分の意見をハッキリと伝えていくといいでしょう。**

PERSONALITY

5

今のモヤモヤした不安を払拭するには？

Let's try it!

このカードで占おう！

カップの
2

カップの
6

カップの
8

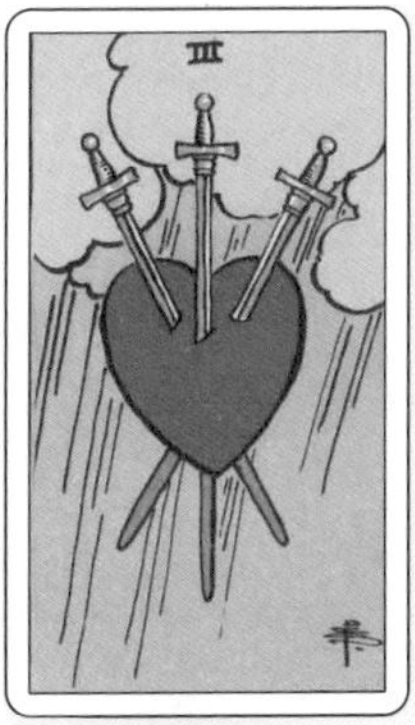

ソードの
3

ソードの
4

ソードの
6

Result

結果

カップの2を選んだあなたは…

友人や知り合いなどに、ただ話をじっくり聞いてもらうことで、あなたの心のモヤモヤは解消されていくでしょう。そんな人がいないという場合は、知らない人でも大丈夫です。また、日記のように、心の内をブログやSNSにすべてさらけ出すのもGOOD。誰かに共感してもらうことがポイント。

カップの6を選んだあなたは…

気の合う人たちと和気藹々《あいあい》と遊んだり、呑んだり食べたりすることで、あなたの心は元気になっていきます。また、普段は参加しないようなイベントに行ってみるのもいいでしょう。人との何気ない触れ合いによって、なんであんなことで悩んでいたんだろうと、馬鹿らしくなることもあるでしょう。

カップの8を選んだあなたは…

あなたにとって、**今一番必要なことは周りをいっさい気にしなくていいということです。**自分の心のモヤモヤを誰かのせいにしていませんか?誰かのせいにすることで、自分にストッパーをかけているのはあなた自身なのです。あなたはあなたの行きたい道を自由自在に選択していいのです。

モヤモヤを晴らすのは意外に小さなキッカケかも。

ソードの3を選んだあなたは…

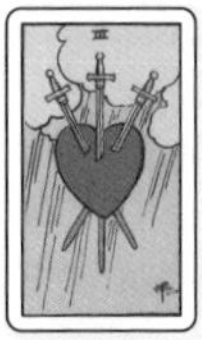

あなたはとにかく今の状況をハッキリさせることが大事です。言いにくいことや聞きにくいことがあるかもしれませんが、思い切って行動に移しましょう。状況によっては心にグサッとくることがあるかもしれませんが、それによって心の霧が晴れていろんなことが明確になっていきます。

ソードの4を選んだあなたは…

一旦すべての手を止めてお休みしましょう。あなたの場合、何もやらないことやゆっくりすることに罪悪感を覚えることがあるかもしれませんが、今のあなたにとって休むことこそが一番の仕事です。しっかり休むことで、いろんなことを健康的に考えて、進めることができるようになるでしょう。

ソードの6を選んだあなたは…

ズバリ旅に出ましょう。国内でも海外でも新鮮かつ違う環境に触れることで、あなたのモヤモヤはいつの間にか消えて無くなっていきます。また、**引っ越しもオススメです。**引っ越す前に、引っ越したい場所の近くを散歩してみましょう。気分が良くなるならその地域はあなたに合う印でしょう。

PERSONALITY

6

人生を好転させるために やるべきことは？

Let's try it!

このカードで占おう！

ワンドの
9

ワンドの
10

カップの
5

カップの
7

ソードの
8

ソードの
10

ペンタクルの
5

ペンタクルの
7

Result

結果

ワンドの9を選んだあなたは…

周りの様子をうかがっていたり、自分を守っていたり、あるいは、まわりくどい伝え方をするだけでは、今を維持することはできても、何も変わりません。**勇気がいるかもしれませんが、きちんと本音を伝えましょう。**

カップの5を選んだあなたは…

完璧主義をやめましょう。あなたは、プライドが高いところがあり、こうでないといけないという自分のルールに支配されています。**あなたの基準を緩めて、多少妥協をした方が、可能性は大きく広がっていきます。**

ワンドの10を選んだあなたは…

ちょっと容量オーバー気味です。**もっと周りの人を信頼してどんどん頼ったり任せたりしましょう。**あなたが苦手とすることは誰かの得意なことですし、人は頼ってくる人のことを好きになるものなのです。

カップの7を選んだあなたは…

あれもこれも一度に進めようとすると、どこからどう手をつけていいのかわからず、結局フワフワとしてしまい、何もしないという状態に…。**やることとやらないことを明確にし、優先順位を決めることが大事です。**

chame's One Point Advice

あなたの未来は必ず明るくなるはず！

ソードの8を選んだあなたは…

いろいろ見て見ぬふりをしていることがあるようですが、**勇気を持って直視しましょう。**心がギュッとなることがあるかもしれませんが、これからどうすればいいのかが明確になり、明るい未来に導かれていきます。

ペンタクルの5を選んだあなたは…

コミュニケーション不足を解消すれば、すべての状況が好転します。伝わらないからと心の中で保留させていないで、間に人を入れてでも、お互いにわかりやすく、そして感情的にならずに伝える作業が必要です。

ソードの10を選んだあなたは…

ズバリ、時間が解決してくれます。今まで結構大変な状態だったのではないでしょうか。しかし、もうこれ以上、状況が悪化することはありません。**ひとりで抱え込まず、周りの人に甘えると、好転が早まります。**

ペンタクルの7を選んだあなたは…

面倒なことをついつい後回しにしてしまうことがあるあなた。**面倒なことはどんどん先にすること**で、新しい流れがやってくるだけでなく、心も体も波動も軽くなるので、現状が大きく好転していくでしょう。

PERSONALITY

7 1年後の私の未来像を教えて！

Let's try it!

このカードで占おう！

0. 愚者

4. 皇帝

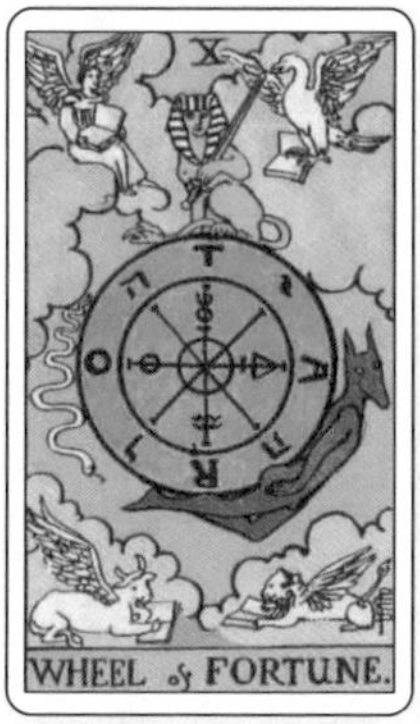

10. 運命の輪

12. 吊るされた男

13. 死神

17. 星

Result

結果

0.愚者を選んだあなたは…

とっても身軽で、自由にのびのびと過ごしています。現在、何かをやめたいとか、誰かと別れたいけどなかなか別れることができない……などという状況にある人は、完全に解放されて、ありのままの自分で、ストレスなく生きていることでしょう。仕事に関しても、よりフリースタイルになる予感。

4.皇帝を選んだあなたは…

とても安定しています。お金や仕事、人間関係など、しっかりと土台が出来上がり、何の心配もない状態になっているでしょう。また、具体的に形になる可能性が高く、素敵な住まいに住むことができていたり、よきパートナーに恵まれていたりと、現実的なところが着実に構築されていくでしょう。

10.運命の輪を選んだあなたは…

非常に運の流れが良いです。今、あなたが思っている理想の状態にかなり近い状態、あるいは、それ以上になっている可能性が高いでしょう。こうなったらいいな！ということが、ベストなタイミングであなたの周りにお膳立てされていく感じです。素敵な1年後を楽しみにしていてください。

こうなりたいって思うことがとにかく大事です。

12.吊るされた男を選んだあなたは…

身動きが取れない状態になっています。というのも、それを知ってその状況に自ら飛び込んで行ったのもあなた自身。忙しかったり面倒な方が生きている実感がするからかもしれません。しかし、その状況はいつでもやめることができますし、視点を変えれば、簡単な方法がすぐに見つかります。

13.死神を選んだあなたは…

死神は変化を意味し、何かが終わって何かが始まるカードです。つまり、**今とは全く違った状況になっています。**終わらせたいことがある人は、それはしっかり終わって、新しいフィールドに移行することができます。しかし、終わらせたくない何かに固執している場合は、それは終焉となります。

17.星を選んだあなたは…

今のあなたの願望は着実に願いが叶う方向に進んでいます。もしも、かなり大きな夢がある人でも、1年後はあなたの視界に入ってくるくらいまで近づいているでしょう。今からでもあなたの知っていることやあなた自身をどんどん出し切っていくと、さらに願望成就のスピードは速まっていきます。

PERSONALITY

8 「自分軸」で生きる方法は？

Let's try it!

このカードで占おう！

ワンドの
ペイジ

カップの
ペイジ

ソードの
ペイジ

ペンタクルの
ペイジ

Result

結果

ワンドのペイジを選んだあなたは…

子供の頃のように**好奇心のまま、好きなことを、好きなときに、好きな人とやっちゃうことです。**もちろんひとりでもＯＫ。そこでふと、それはわがままなのではないか?と不安がよぎることがあるかもしれませんが、わがままと思い込んでいるのはあなた自身なのです。わざと悪いことをしなければ、そんなに人に迷惑をかけることはありません。どんどん、ありのままのあなたを許可していきましょう。人に気を遣うのではなく、自分の心の扉を全開にすることが大事です。**あなたが今やりたいことはなんですか?それを今すぐやってください。**

カップのペイジを選んだあなたは…

知らず知らずのうちに、周りに合わせてしまったり、場の空気を読みすぎたりして、自分の本当の気持ちを後回しにしがちなあなた。あなたが自分軸で生きるには、あなたとあなたの心との対話が必要になってきます。**どんなときも「本当はどうしたいの?」と自分自身に問いかけましょう。**それでも答えが見つからない場合は、心地いいか心地よくないかで心の声がわかるでしょう。心地いいならばそれはＯＫの印。心地よくない場合は違うという印です。**心の声を羅針盤にして選択と行動をしていけば、いろんなことがうまくいくようになります。**

chame's One Point Advice

まずは自分の気持ちに正直になりましょう。

ソードのペイジを選んだあなたは…

あなたは自分の考えや気持ちをきちんと伝えていくことが自分軸で生きるポイントになります。私はこう感じる！私の場合はこうしたいと思う！など、しっかり意思表示をしたり議論できることが大事でしょう。どちらかが正しいとか、誰かを否定したり変えたりするのではなく、みんな違う考え方や感じ方、捉え方があるので、それを認め合う中で、**自分自身を知り、そして自分自身を発信して、自分自身をうまく操縦していくこと**で、この世界を楽しく、そして誰からの影響も受けずに自由に飛び回っていくことができるのです。素敵なフライトを！

ペンタクルのペイジを選んだあなたは…

あなたは何事も実際に体験することで、今ここの自分の軸に自分を戻すことができます。気になる人、もの、ことなどがあれば、本を読んだり情報を調べたり、人づてに聞くだけでなく、実際にあなた自身を現場に連れていきましょう。そして、**しっかり見て触って話して感じることで、いろいろな意味で物事の本質を知り、腑に落とすことができるでしょう。**それと同時に、本当のあなたを知ることにつながります。自分がどう感じて、どうしていきたいのか、何がしたかったのかなどが明確になり、ブレない自分軸が太くなっていきます。

PERSONALITY

9

今、心を満たすには何をしたらいい？

Let's try it!

このカードで占おう！

ワンドの
4

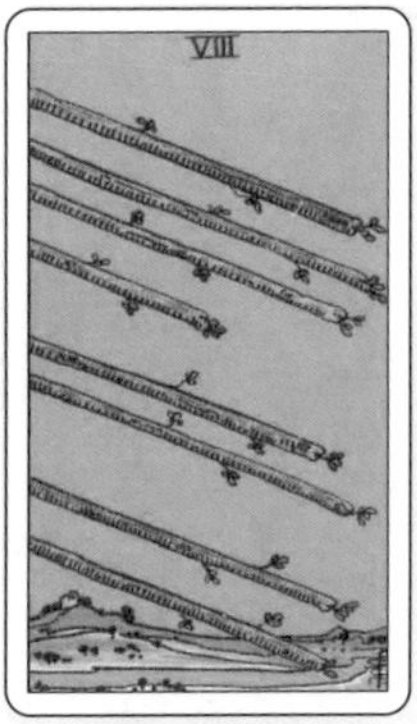

ワンドの
8

カップの
4

カップの
9

カップの
ナイト

ペンタクルの
6

Result

結果

ワンドの4を選んだあなたは…

とにかく**あなたの心の鍵をオープンにすること**です。来るもの拒まず、去る者追わずの精神で、いろんな人とざっくばらんに接してみましょう。あなたの中の幸せなエネルギーの循環が良くなって、心が満たされていくでしょう。また、ホームパーティーなどをして、友人たちを家に呼ぶのもオススメ。

ワンドの8を選んだあなたは…

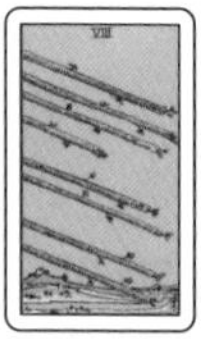

待つことをやめると心が満たされていきます。どんどん自ら行動を起こしていきましょう。迷っていることがあったら全部やってみましょう。それから選んだり変更したり考えてもいいんです。もしも保留にしていることがあれば、今すぐ何かしら動いてみることで、あなたの世界は変わるでしょう。

カップの4を選んだあなたは…

ゆっくり休んで、あなた自身を内観することです。誰にも何にも合わせる必要はありません。ただ、あなたが今したいことだけをしましょう。また、安心できる人と一緒にいたり、リラックスできる場所でのんびり過ごすのもいいでしょう。お誘いなども乗り気でないものは、どんどん断ってOKです。

chame's One Point Advice

幸せに向かってできることからアクションを！

カップの9を選んだあなたは…

自分をとことん甘やかしてあげましょう。欲しいものをゲットし、美味しいものを食べて、会いたい人に会いましょう。また、アロマトリートメントや、美しい景色を眺めながら、お酒を飲んでゆったりと過ごすのもオススメです。もしも、今まで忙しかったならあなたは自分との時間を謳歌してください。

カップのナイトを選んだあなたは…

好きな人間に自ら会いにいくことであなたの心のカップが満タンになります。誘ったことがない人であっても思い切って誘ってみるとGOOD。有名人な場合は、その人が出演する何かを見にいくのもいいでしょう。また、会いたい人が遠くに住んでいる場合は、その旅ごと楽しい思い出になります。

ペンタクルの6を選んだあなたは…

先行投資をすることであなたの心は滑走路に乗って大きく羽ばたいていきます。やりたいことがあるならば、それに向けての習い事でもいいでしょうし、憧れの人がいるならば、その人に近づけるようなファッションやメイク、考え方などを取り入れるために研究したり投資をするのもいいでしょう。

PERSONALITY

⑩ 私の前世を教えて！

Let's try it!

このカードで占おう！

2.
女教皇

8.
力

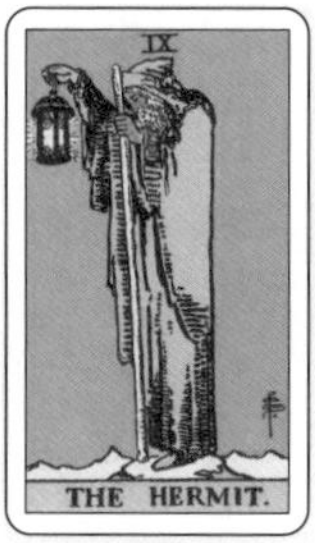

9.
隠者

11.
正義

15.
悪魔

16.
塔

18.
月

20.
最後の審判

Result

結果

2・女教皇
を選んだあなたは…

あなたは前世でシャーマン的なことをしていました。ですので、今世でもサイキックな力があり、人が何を考えているかや、これからどうなるかが、なんとなくわかったり、無意識に危機回避ができていたりします。

9・隠者
を選んだあなたは…

あなたは前世で、研究をしたり何か好きなことに没頭していました。ですので、今世でも、好きなことが見つかれば、それをとことん極めることができます。頭ひとつ抜けた存在になって注目されることでしょう。

8・力
を選んだあなたは…

あなたは前世で、動物との関わりがとても強かったようです。ですので、今世でも、なぜか動物に好かれたり、動物の気持ちがわかったりします。動物と目を合わせたり触るだけであなたも動物もとても癒やされます。

11・正義
を選んだあなたは…

あなたは前世で裁判官的な役割をしていました。ですので、今世も感情に左右されず、物事を公平かつ客観的に見る視点を持っています。ただ、自分に厳しいところがあるので、もっとゆるく生きることが大事です。

chame's One Point Advice

前世を知れば、現世での天命を全うできるでしょう。

15・悪魔

を選んだあなたは…

あなたの前世は自由を制限される生き方をしていたようです。いつも誰かに見張られていて、まるで奴隷のようでした。ですので、今世は、誰にも制限されずに自由に生きようと決めて生まれてきたようです。

18・月

を選んだあなたは…

あなたは前世で絵を描いたり彫刻をしたりなど、芸術に親しんでいました。ですので、今世でも感性が豊かで、創造力や表現力を兼ね備えています。あなたの世界観をどんどんクリエイトしていきましょう。

16・塔

を選んだあなたは…

あなたは前世で戦いや事故に巻き込まれる体験をしました。ですので今世は、無意識ではありますが、怖いもの無しなところがあります。いざというときは、一直線に飛び込んでいくことができるでしょう。

20・最後の審判

を選んだあなたは…

あなたは前世で、もうちょっとで夢が叶うところで、命がつきてしまったようです。ですので、今世はリベンジで生まれてきました。あなたがしたいことの中に何をリベンジしにきたかのヒントがあります。

FAQ❷

chame'sレクチャー

≪基本編≫

Q
コートカードって何？どんな意味がある？

小アルカナ（→P.10）にある「人物カード」のこと。各スート（シンボル・種類）に、ペイジ、ナイト、クイーン、キングの４人が登場し、それぞれ役割を持っています。

◆ キング ◆
KING

王。どっしり構えた成熟した大人の男性を表します。父性、経営者、リーダーをイメージ。

◆ クイーン ◆
QUEEN

女王。懐の深い、成熟した大人の女性を表します。母性、寛容、愛情などをイメージ。

◆ ナイト ◆
KNIGHT

騎士。エネルギーと向上心にあふれた青年期の若者で、向上心を持って成長するイメージ。

◆ ペイジ ◆
PAGE

見習い、学生、初心者、年下などの意。成長過程にあり、好奇心と素直さを表します。

Q
タロット占いはどうして当たる？

ズバリ「シンクロニシティ」です。これは「意味のある偶然の一致」という意味。時間と空間を超えた天からのお知らせが、タロットカードを伝わって出てくるというわけです。

Q
正位置と逆位置ってどんな意味？

カードを引いたときに、天地が正しい向きで出ることを「正位置」、逆さまの向きで出ることを「逆位置」といいます。同じカードでも向きによって意味合い・解釈が異なります。ただし、逆位置を取り入れずに正位置だけで占うと事前に決めておけば、逆位置が出たとしても正位置に直して解釈ができます。

※本書ではすべて正位置での占いです。

Chapter 2

–LOVE–

◆第2章

出会い・恋愛・結婚

―パートナーシップ―

LOVE

1 私にはどんな人が向いている？

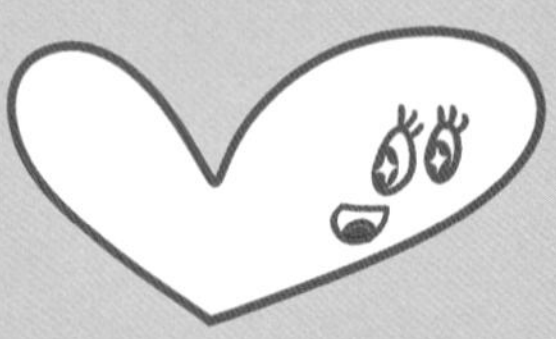

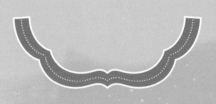

Let's try it!

このカードで占おう！

ワンドの
キング

カップの
キング

ソードの
キング

ペンタクルの
キング

Result

結果

ワンドのキングを選んだあなたは…

あなたにはとにかく面白い人が向いています。どんなこともネタに変えられ、陰を陽に変えられる楽しい人柄で、あなたが落ち込むことがあっても、一緒にいるだけで自然と気持ちが明るくなってしまうような人です。運命の人の見極め方としては2点あります。**同性の友人に好かれているかどうか**です。また、**学生の頃からの友人としっかりつながっているパターンが多いでしょう。**もう一点は、**カジュアルルックが似合うかどうか**です。イラストがかわいいTシャツが似合ったりします。行動力があって、アウトドア好きな人も多いでしょう。

カップのキングを選んだあなたは…

あなたには温かみのある人が向いています。こちらの気持ちを察してくれて、あなたが弱っているときは、さりげない優しさで包んでくれるような人です。基本的に温厚で自分の感情を自分できちんとコントロールできます。なので、周りに迷惑をかけることはないでしょう。**運命の人の見極め方としては、何か得意分野があります。**それは料理であったり、人の話を聞くことであったりとさまざまなのですが、周りの人に比べてどこか秀でているところがあるのでわかりやすいでしょう。また、**痩せ型かぽっちゃり型のどちらかの可能性があります。**

chame's One Point Advice

直感（インスピレーション）を大事にするのが◎

ソードのキングを選んだあなたは…

あなたには頭の回転が速い人が向いています。何を聞いてもサクサクと回答が返ってきて、物知りな感じの人でしょう。あなたが悩みを相談すると、解決方法を簡単にあみ出せるようなところもあります。とにかく会話が刺激的で、情報通なところがあるので、一緒にいて飽きることはありません。ネットの検索能力もやたら高く、どうやって検索したの？と聞きたくなることもしばしばあるでしょう。そして、**運命の人の見極め方としては、話すスピードが速い人です。また、動きやすさを重視しますから、スニーカーを履いている率が高めです。**

ペンタクルのキングを選んだあなたは…

あなたには仕事やお金の管理などが安定している人が向いています。一見、何をしているかわからないように見えたとしても、不思議と日常生活は何不自由なく、そして楽しく過ごしていける生活力はちゃんとある感じの人なんです。そして、いつもどっしりと構えている雰囲気があり、何か困ったことが起こっても、あたふたと動じることがあまりありません。逆にそういうときこそ、とても頼れる存在になります。なので、一緒にいて大人だな～と感じることが多いでしょう。**運命の人の見極め方としては、どことなくガッチリとした体型の人でしょう。**

LOVE

2 私の恋愛タイプは？

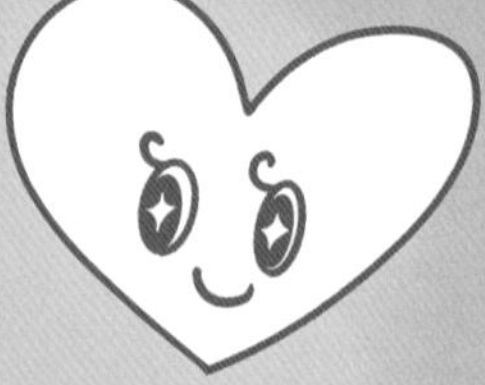

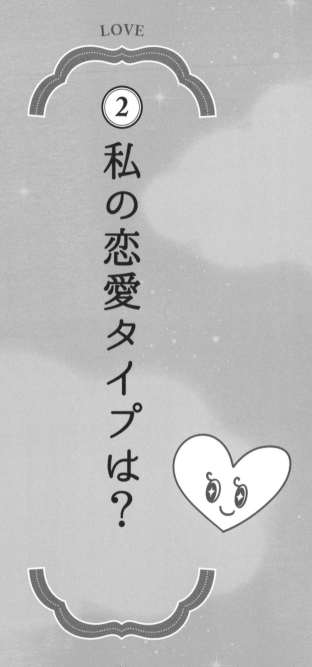

Let's try it!

このカードで占おう！

0.愚者

1.魔術師

3.女帝

4.皇帝

17.星

18.月

Result

結果

0.愚者

を選んだあなたは…

あなたは束縛されたり、干渉もされたりしないで、会いたいときに会って楽しく遊ぶような、自由恋愛が合っています。ですので、相手の言動が少しでも重くなってくると、距離を置きたくなるところがあるでしょう。ひとりでいるときも楽しめるような、精神的に自立している人がオススメです。

1.魔術師

を選んだあなたは…

あなたは相手の見た目というよりも、特技や専門的分野など一芸が秀でている人にグッと心を掴まれるところがあります。ですので、他の要素でだらしないところがあったとしても、自分にしかわからないという特別感から、許せてしまうというか、そこさえも好きになってしまう感じでしょう。

3.女帝

を選んだあなたは…

あなたは自分から追いかけるというよりも、愛されることで相手を好きになっていく人です。ですので、いつも相手の本命でいられる可能性は高いです。あなたが誰かを好きになるシチュエーションとしては、相手があなたに気のあるそぶりをした後に、そうでもない態度を取ったときでしょう。

chame's One Point Advice

タイプを知ればやるべきことが見えてくるかも？

4・皇帝 を選んだあなたは…

あなたは、このまま付き合っていけばいずれ結婚するであろうといった安定した関係を望んでいます。ですので、相手を選ぶときから、無意識ではありますが、将来を共にしても大丈夫かどうかといった視点で見ているでしょう。また、恋愛はいろいろあっても乗り越えて長続きするタイプです。

17・星 を選んだあなたは…

あなたの恋愛は、あなたの魂を成長させるためのものでしょう。恋愛によって、相手と本音でぶつかり合うことも出てきますから、相手を通して、自分を知っていくことができたり、あなたの本当の生きる目的を発見することができるでしょう。恋愛は人生の通過点として考えると良いでしょう。

18・月 を選んだあなたは…

あなたの恋愛は、あなたの人生のドラマをより面白くするためのものです。あなたは、相手に聞きたいことが聞けなくて悩んだり、いろんな妄想が膨らんで一喜一憂を繰り返していくでしょう。一見、苦しそうに見えますが、それこそがあなたの恋愛の醍醐味ですから、その過程を楽しんでください。

LOVE

3

運命の人〈ツインレイ〉にはもう会っている？

Let's try it!

このカードで占おう！

5. 法王

8. 力

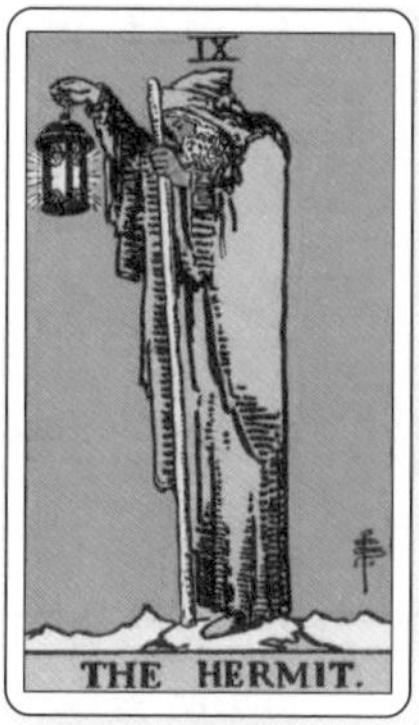

9. 隠者

10. 運命の輪

16. 塔

21. 世界

Result

結果

5. 法王 を選んだあなたは…

あなたはツインレイとまだ出会っていませんが、**もうそろそろ出会うことになっているようです**。どんな人かというと、あなたにいろいろ教えてくれたり、とても話がわかりやすい人の可能性が高いです。また、はじめて会った感じがあまりなく、あなたはとても穏やかな気持ちになることでしょう。

8. 力 を選んだあなたは…

あなたはツインレイとすでに出会っています。ですが、とても気づきにくい状態になっています。その人は、あなたにとって少しとっつきにくかったり、若干、苦手と感じる相手だからです。少しずつこちらから話しかけたり、ちょっと深く関わってみることで、魂のご縁が結ばれていくことでしょう。

9. 隠者 を選んだあなたは…

あなたとツインレイは、**今世、出会うのが少し遅いスケジューリングになっているようです**。無理に探し回るのではなく、あなたはあなたの好きなことに集中し、自分をよく知ることで、ツインレイと自然の流れで出会うようになっています。ですので焦らず好きなことをしていてOKでしょう。

chame's One Point Advice

自分を信じ、心のアンテナを張っておくことが大事！

10・運命の輪を選んだあなたは…

あなたはツインレイとすでに出会っているようです。かなり近いところに存在していますから、あなたのフットワークを軽くしておくことで、いつの間にか会う回数が増えていくでしょう。笑いのツボが似ていたり、会った後になぜかいいことが起こる場合は、その人の可能性が高いでしょう。

16・塔を選んだあなたは…

あなたはツインレイとまだ出会っていません。しかし、これから必ず運命のマッチングがなされることになっています。そのお相手は、あなたにとってびっくりすることや、思いもよらない出来事の後に登場することになっています。ですので、何かあったときこそ、ワクワクしてみてください。

21・世界を選んだあなたは…

あなたはツインレイとすでに出会っています。しかし、ツインレイと結ばれると、ある意味そこで人生のゲームが終わりになる気がして、わざと人を寄せ付けないようにしているふしがあります。ツインレイと結ばれることで、あなたの可能性は無限に拡大しますから、レッツオープンマインド！

LOVE

4

今月（または今週）の出会い運を教えて！

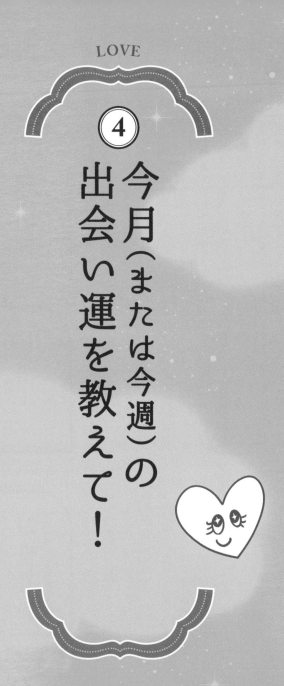

Let's try it!

このカードで占おう！

カップの
ペイジ

カップの
ナイト

カップの
クイーン

カップの
キング

ペンタクルの
3

ペンタクルの
5

ペンタクルの
10

ペンタクルの
キング

Result

結果

カップの ペイジ を選んだあなたは…

心がトキメクような出会いがありそうです。しかし、こちらからアクションを起こさないと、何もないまま終わってしまうでしょう。断られても断られなくても、勇気ある一歩があなたの恋愛運を大きく変えます。

カップの クイーン を選んだあなたは…

あなたはこの時期、**魅力的でとてもモテる状態にあります。**リアルでもSNS上であっても、メイクやファッション、振る舞いなどを意識して、より素敵なあなたを演出することで、人を惹きつける引力が増大します。

カップの ナイト を選んだあなたは…

あなたのことが気になっている人がいます。その人はとても素敵な人。その人はあなたに連絡するかどうか迷っているようです。キッカケを作ってあげると動きやすいので、話しかけやすい雰囲気を出してください。

カップの キング を選んだあなたは…

とても優しく、器の大きい素敵な人との出会いが期待できます。その人は頼られることが好きなので、とにかく話をすることが大事です。話題に困ったら、なんでもいいので、聞いたり相談したりしてみましょう。

chame's One Point Advice

占う前に、今月または今週、どちらかの設定を！

ペンタクルの3を選んだあなたは…

仕事を通して、あるいは、職場での出会いが期待できるでしょう。素敵だなと思ったら、仕事を手伝ったり頼んだりして、近づいてみましょう。また、少し長めに目を合わせるのも効果的です。そのときは笑顔を忘れずに。

ペンタクルの10を選んだあなたは…

人がたくさん集まる場での出会いが期待できます。いろんなイベントやコミュニティーを調べて参加してみましょう。もしもあなたが出不精な場合は、マッチングアプリなどでも意外と気の合う人が登場しそうです。

ペンタクルの5を選んだあなたは…

出会い運はあまり期待できません。いちいちタイミングがずれてしまいます。たとえあなたに興味がある人がいたとしても、あなたは気づくことができないでしょう。しっかり相手の目を見て会話をするとGOOD。

ペンタクルのキングを選んだあなたは…

お金持ちとの出会いが期待できます。ラフなスタイルで見かけは普通の人に見えても、蓋を開けてみると、ビジネスで成功している人の可能性も。最初からこの人はこんな人だとジャッジせずに関わってみましょう。

LOVE

5

私は結婚（or再婚）できますか？ 一生独身？

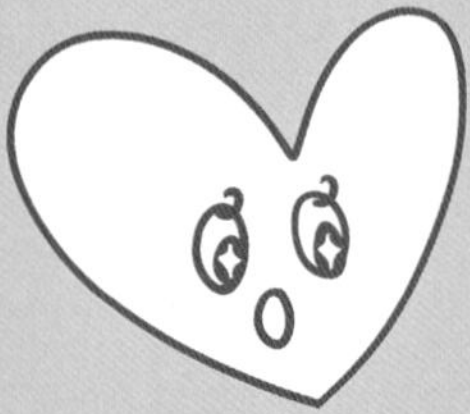

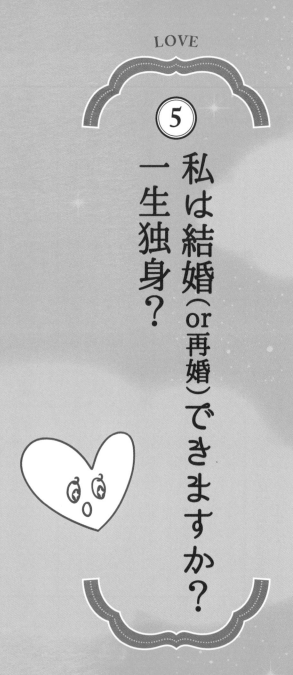

Let's try it!

このカードで占おう！

0.
愚者

2.
女教皇

6.
恋人

7.
戦車

11.
正義

13.
死神

17.
星

20.
最後の審判

Result

結果

0・愚者

を選んだあなたは…

あなたはあなたの自由な生き方を阻害されなければ、**結婚してもしなくてもどちらでも幸せに生きることができます**。たとえ、結婚しないつもりでいたとしても、直感やノリで結婚してしまう可能性もあるでしょう。

6・恋人

を選んだあなたは…

あなたは恋愛体質ですから、**結婚できる可能性はとても高いでしょう**。ただ、いつもトキメキを求めているところがありますから、結婚してもオシャレをしたり、恋人のような刺激を忘れないようにしましょう。

2・女教皇

を選んだあなたは…

あなたはこだわりが強く、絶対こうでないと！といったような、自分のルールに振り回されがちなところがあります。**自分に対しても相手に対しても、許容範囲を広く持つことで結婚できる可能性は格段にアップします**。

7・戦車

を選んだあなたは…

あなたは何事も決めたら行動に移すことが早いので、**結婚できる可能性は極めて高いです**。いつまでに結婚する！とゴールを明確にしておくと、確実にその未来を掴み取ることができます。どんどんアクションを。

執着しすぎずにあなたらしさを大事に生きましょう。

11・正義 を選んだあなたは…

きちんと行動すれば必ず結婚できる人です。そして、あなたは恋愛して結婚というよりも、マッチングアプリや紹介などをしてもらって、あなたなりの基準を満たした相手とくっつくパターンがスムーズでしょう。

17・星 を選んだあなたは…

あなたが結婚を望んでいるならば、その願いは叶うことになっています。あなたらしさをどんどん出していくことがポイントです。あなたの魅力が放出されて、ご縁がある人が必ずあなたを見つけてくれるでしょう。

13・死神 を選んだあなたは…

あなたは結婚しないで生きていく可能性が高いでしょう。というのも、今のところ、あなたの潜在意識が結婚を望んでいません。まずは、あなたをあなたが愛して満たしていくことで、人生が充実していきます。

20・最後の審判 を選んだあなたは…

あなたは復縁タイプです。また、1度目よりも2度目の方がうまくいきやすいでしょう。あなたは噛めば噛むほど美味しいスルメのような魅力がある人なので、**あなたをよく知ってもらえば結婚はしやすいでしょう。**

LOVE

6

今、あの人にとって私は必要？
あの人の（今の）本音を教えて！

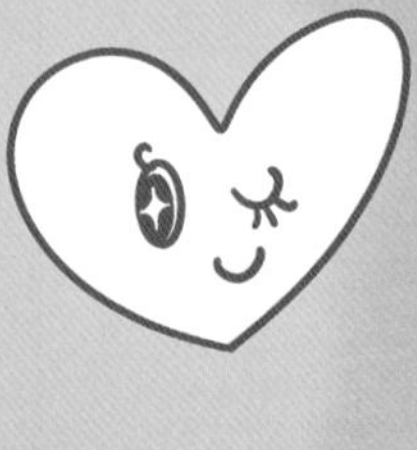

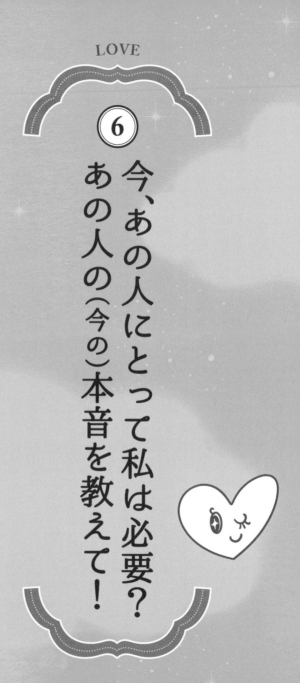

Let's try it!

このカードで占おう！

0.愚者

2.女教皇

3.女帝

4.皇帝

8.力

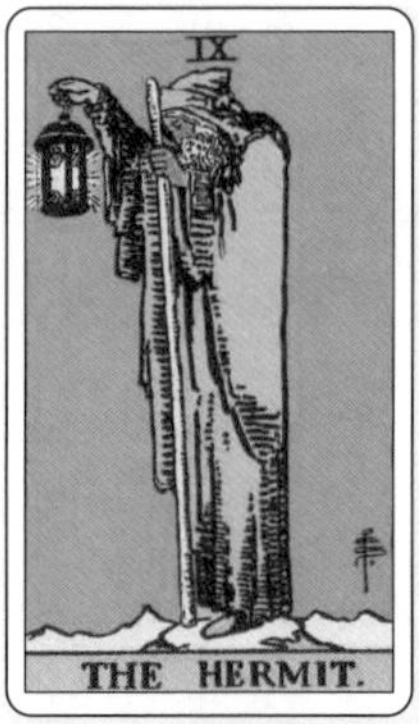

9.隠者

Result

結果

0.愚者を選んだあなたは…

付き合っていない場合は、**あなたのことをなんとも思っていないでしょう**。付き合っている場合は、**空気のような存在になっています**。ドキドキやトキメキはあまりありませんが、一緒にいてとても楽でしょう。そして、今もし喧嘩をしていたとしたら、そのことについてなんとも思っていません。

2.女教皇を選んだあなたは…

あなたのことをとても素敵だなとは思っていますが、いまいち何を考えているのかがわからないところがあるようで、**これ以上仲良くなろうかどうか二の足を踏んでいます**。あなたがもう少し本音を言ったり、感情を表現したり、隙を見せたりすることによって相手の出方が変わってくるでしょう。

3.女帝を選んだあなたは…

あなたのことは本命でしょう。ルックスも性格も雰囲気も好みのタイプです。すでに付き合っている場合は、心から大好きで大切にしたいと思っています。ただ、彼は甘えん坊なところがありますから、あまり尽くしてしまうと調子に乗ることがあります。**彼に合わせすぎないことがうまくいく秘訣！**

chame's One Point Advice

カードからのメッセージ（結果）を見て、あなたは今どうしたい？ 自分の気持ちにも向き合いましょう。

4・皇帝 を選んだあなたは…

付き合っているにせよ、付き合っていないにせよ、あの人は、**今のあなたとの関係性が心地よく、続けたいし、大切にしたいと思っています。**もしも、あなたと長く付き合っている場合は、結婚も視野にあります。また、たまに喧嘩などでギクシャクすることがあっても、**別れる心配はないでしょう。**

8・力 を選んだあなたは…

かなり扱いにくい存在だと思っているようです。自分の気持ちを話しても変なふうに伝わってしまうことがあるし、あなたの気持ちもあまりよく理解できないし、どう対応していいのかわからない感じでしょう。**彼をどうにかしようとしない方が、彼に好かれるというパラドックスの関係！**

9・隠者 を選んだあなたは…

付き合っていないならば、彼は他に好きな人がいる可能性があります。また、すでに付き合っているならば、あなたのことは好きですが、**今は、ひとりでいた方が楽と思っている様子。**自分のことで頭がいっぱいなので、あなたに構っている余裕がありませんが、そっとしておけば、元通りになります。

LOVE

7

あの人との未来（結婚）はある？

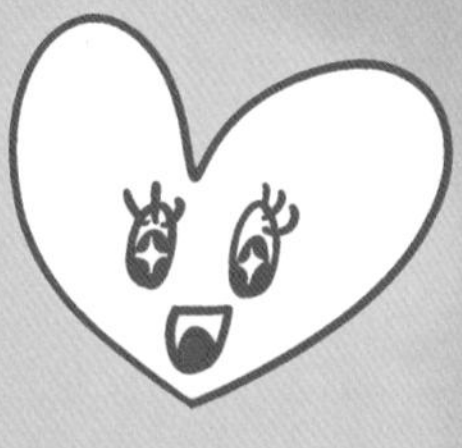

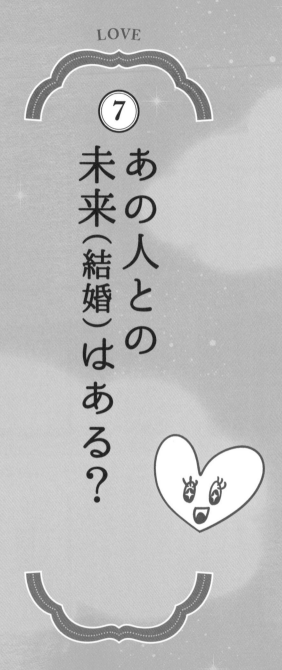

Let's try it!

このカードで占おう！

ワンドの
10

カップの
10

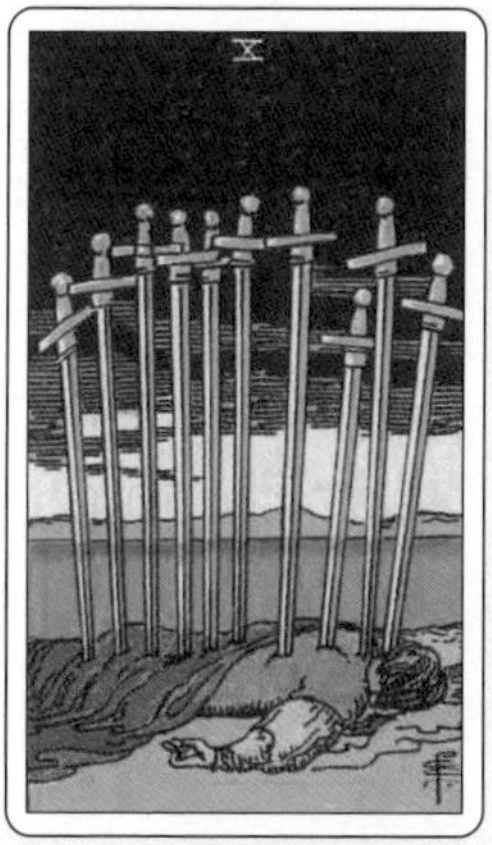

ソードの
10

ペンタクルの
10

Result

結果

ワンドの10を選んだあなたは…

あの人との結婚は結構厳しいと言えるでしょう。相手の方はやりたいことがたくさんあるので、それでいっぱいいっぱいなところがあります。また、楽しいことを見つけるのが上手なのですが、あなたはそのひとつであって、彼のすべてではありません。**彼は今のような関係が続けばいいなと思っているようです。**もしも、あなたの配分が多くなれば、あなたに対する興味が薄くなってしまう可能性が高いでしょう。会いたいときに会って、楽しい時間を共有するという……束縛し合わない関係性でいることが、ずっと仲良くいられるコツでしょう。

カップの10を選んだあなたは…

あなたとあの人は、お互いに出会うべくして出会った運命の相手と言えるかもしれません。出会う順番がちょっとズレてしまっただけなのでしょう。彼はあなたのことをとても大切に思っているようです。お互いにどう思っているか、そして、これからどうしたいかをしっかり共有していくといいでしょう。本音で話し合うことで、ついなあなあになりそうなところも、建設的にきちんと行動を起こして、具体化していくことができるでしょう。**少々時間がかかることがあるかもしれませんが、あなたとあの人はハッピーエンドの可能性が高いでしょう。**

chame's One Point Advice

あなたを大切にしてくれる人とご縁があるでしょう。

ソードの10を選んだあなたは…

どうやらあの人は、あなたのことは好きなのですが、結婚はしたくない可能性が高いでしょう。あなたが結婚を意識すればするほど、傷つくことになってしまいそうです。相手はあなたと別れたくは無いので、つい、あなたに期待させるようなことを言ってくるかもしれません。しかしそれを鵜呑みにしてしまうと、結婚できそうでできないという、蟻地獄のような苦しみに陥ってしまいます。**あなたが結婚を目的としているならば、この関係性は覚悟をもって早めに終止符を打ちましょう。**そうすることで、未来のあるお相手とのご縁がつながります。

ペンタクルの10を選んだあなたは…

あなたはあの人と結婚する可能性は高いでしょう。お相手の人は、心から手に入れたいことはきちんと手に入れていく人です。彼の心が固まったら、スピード感はやや遅めですが、着実に結婚は形になります。もしかしたら、赤ちゃんができるのが先ということもあるでしょう。しかし、結婚はゴールではなく、共同生活のスタートに過ぎません。結婚後も、彼にはいろんな出会いがあり、その中でももちろん魅力的な人もいるでしょう。**彼に執着していると、それが心配で疲れてしまう可能性があるので、精神的に自立していくことが必要になります。**

LOVE

8

今、私を好きな人はいますか？

Let's try it!

このカードで占おう！

0.
愚者

21.
世界

ワンドの
4

ワンドの
5

ワンドの
9

カップの
6

カップの
ナイト

ソードの
ナイト

Result

結果

0・愚者 を選んだあなたは…

ズバリ、あなたのことを思っている人はいないようです。一緒にいても気を遣わなくていいので楽と思っている人はいるでしょう。思わせぶりなことを言ってみるなど、相手をドキリとさせることをしてみましょう。

ワンドの4 を選んだあなたは…

あなたのことを好きな人はいます。そして、その人はあなたになんとなく好意を表現し、大歓迎の波動を送っているつもりでいます。あなたがそれに気がついてOKサインを返すことで、お付き合いが始まる予感。

21・世界 を選んだあなたは…

あなたのことをいいなと思っている人はたくさんいるでしょう。ただ、あなたは若干ガードがかたくて、なかなかお誘いしにくいところがあります。隙を見せるなどして、話しかけやすい雰囲気を出すといいでしょう。

ワンドの5 を選んだあなたは…

あなたに興味をもっている人はいるでしょう。そして、その人は、あなたと接点を持ちたいので、ちょっとしたことでも聞いてきたり、ちょっかいを出してきたりと構ってちゃんな感じで、あなたの前に登場します。

chame's One Point Advice

まずは自分が自分を大好きになることが大事です。

ワンドの9を選んだあなたは…

あなたのことを好きな人はいます。しかし、今の関係性が崩れるのを恐れて、好きな気持ちをうまく伝えられないでいるでしょう。あなたがそんな彼の気持ちを発見しない限り、彼は自ら動こうとしないでしょう。

カップのナイトを選んだあなたは…

あなたのことを好きな人は確実に存在します。いつお誘いをしようか、タイミングを狙っているようです。密かに彼はあなたを見るたびに、素敵だな！と心の中で思っていて、あなたのSNSもチェックしています。

カップの6を選んだあなたは…

あなたに友達以上恋人未満のような好意を抱いている人がいます。彼は、友情の延長のような、この微妙なラインがとても心地がいいと思っています。しかしながら、これ以上発展させるつもりは全然ないようです。

ソードのナイトを選んだあなたは…

あなたに興味を持っている人はいます。彼はあなたと話をしたことがあり、外見が好みなのに加え、あなたの考え方や言動などに魅力を感じたのでしょう。とにかく頭の回転が速く、知的で面白く行動力がある人です。

LOVE

9

あの人と別れた方がいい？
今の関係は修復できる？

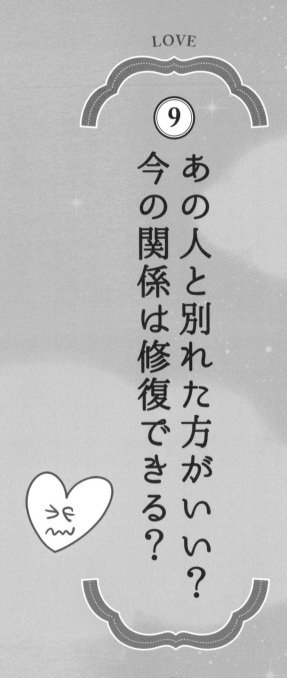

Let's try it!

このカードで占おう！

0.愚者

5.法王

8.力

13.死神

18.月

20.最後の審判

Result

結果

0.愚者 を選んだあなたは…

お互いにとって、今の関係性を続けるよりも、**思い切って別れた方が幸せになります**。特にあなたは、今までやりたいけれど、できなかったことをしてみたり、行きたいところに行ってみたりと、とても自由にのびのびと生きることができます。もっと早く決断すればよかったと思うことでしょう。

5.法王 を選んだあなたは…

2人がうまくいかない理由は、コミュニケーション不足です。今は、お互いに相手はきっとこう思っているに違いないという妄想の上に成り立っています。感情的にならず、逃げずに、**お互いの本音を素直にきちんと話し合うことで、いろんなことが紐解かれ、逆に、絆が深まっていきます**。

8.力 を選んだあなたは…

相手を変えようとしている限り、この関係性はうまくいきません。2人の問題を解決するには、相手に何かを期待したり、相手をどうこうすることを完全に手放しましょう。相手のことはいい意味で放っておいて、**あなたはあなたの人生に集中していくと、不思議と2人の関係性は良くなります**。

chame's One Point Advice

もし別れたとしても、その経験はあなたを成長させ、次のステージでもっと素敵な出会いがあるでしょう。

13・死神

を選んだあなたは…

2人の関係性はすでに終わっています。終わっていることにしがみついていても苦しいだけでしょう。お互いが本音を言えていない関係性であったらなおさらです。あなたの心が決まれば、もう怖いものなどありません。ハッキリと気持ちを伝え合って、素敵な未来に向けて動き出しましょう。

18・月

を選んだあなたは…

この関係性を修復するにはかなり時間がかかりそうです。というのも、お互いが、ちゃんと向き合っていなくて、あえて知りたくないとか、逆に知られたくないところがあったりするのでしょう。**傷つく覚悟ですべてをさらけ出したり、見たくないことも逃げずに見ることが大事になっています。**

20・最後の審判

を選んだあなたは…

この関係性は修復ができます。諦めずに、素直な心をもって、何度も修復を試みましょう。今の関係性よりも修復後の関係性の方が、お互いに理解が深まって、感謝し合えるようになるでしょう。逆に言えば、うまくいかない状態を経験したからこそ、関係性が素敵にグレードアップできると言えます。

LOVE

⑩

あの人に私から別れを切り出したらどうなる？

Let's try it!

このカードで占おう！

11. 正義

12. 吊るされた男

14. 節制

15. 悪魔

16. 塔

18. 月

Result

結果

11・正義 を選んだあなたは…

あの人は、あなたに正当な理由があれば、**真摯に受け止めてくれて、変な感じにならずスパッと別れることができるでしょう。**また、伝えるときはSNSなどではなく、きちんと会って話をすることが大事です。もしも、中途半端な気持ちだったり、気をひくために伝えた場合、それは見破られます。

12・吊るされた男 を選んだあなたは…

あの人は、あなたの気持ちにうすうす気づいているところがあります。しかし、それを受け入れるのはキツいので、そのことには触れないようにしている感じでしょう。もし、**あなたが別れを切り出したとしても、びっくりすることはないのですが、精神的にしばらくは立ち直れないかもしれません。**

14・節制 を選んだあなたは…

あの人は、あなたの話に理解を示してくれるでしょう。そして、あなたの気持ちを尊重してくれるので、**思っていたよりも、円満に別れることができます。**逆に、こちらの幸せを願う気持ちがところどころに垣間見れて、こんなにいい人だったのかと、別れが惜しくなることがあるかもしれません。

自分の本心と向き合い、自分を強く持つことが大事。

15・悪魔 を選んだあなたは…

あの人はあなたに執着があり、簡単には別れてくれないかもしれません。というのも、あなたが相手をかわいそうと思ったり、自分がいなければだめになってしまうなど、気持ちに引きずられそうなところも原因でしょう。なんとしてでも別れる！という覚悟をもてば、きちんと別れることができます。

16・塔 を選んだあなたは…

あの人にとって青天の霹靂です！**この世界が終わってしまったような一大事に大きなショックを受けるでしょう。**頭が真っ白になったり、泣き出したりとパニック状態になったりするので、すぐには判断ができないかもしれません。しかし、冷静になったときにすべてを受け入れてくれるでしょう。

18・月 を選んだあなたは…

あの人はあなたと別れたくないので、あなたの気持ちをなかなか受け入れることができません。この話はいつの間にかフェードアウトしていく予感です。あなたは、このことに関して、どんどん話しづらくなっていくでしょう。本気で別れたいなら、相手の意向に流されない意志の強さが必要です。

LOVE

11

あの人と復縁できる？
あの人は今
私をどう思っている？

Let's try it!

このカードで占おう！

0.愚者

8.力

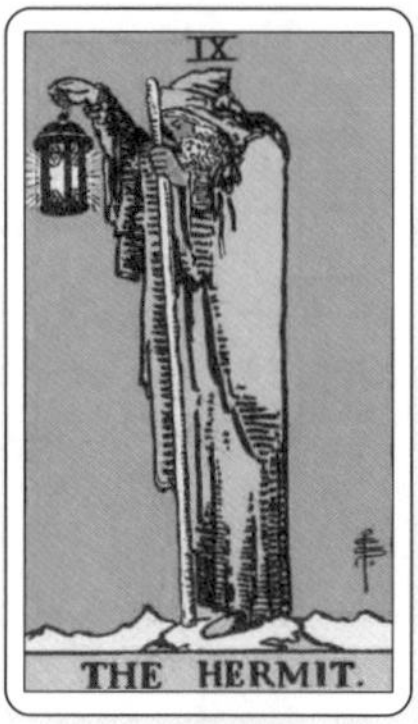

9.隠者

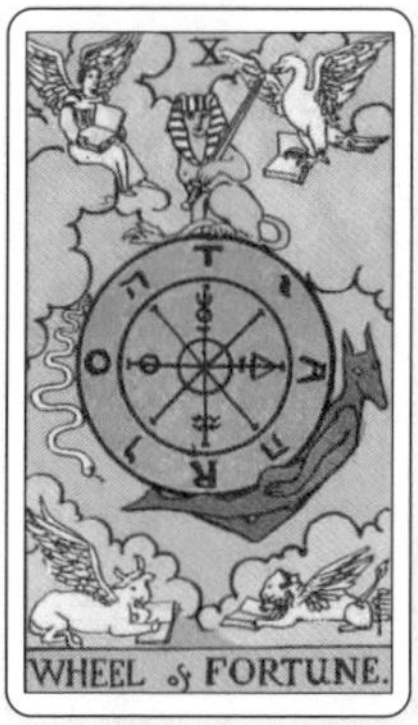

10.運命の輪

13.死神

17.星

Result

結果

0.愚者

を選んだあなたは…

あの人はあなたのことを、なんとも思っていません。そして、日々、思い出すこともあまりないでしょう。ですので、今は復縁の可能性はとても低いと言えます。あなたにはこれから、もっと相性がいい素敵な人との出会いが用意されていますから、自由を楽しむことにシフトしていきましょう。

8.力

を選んだあなたは…

あの人との復縁はなかなか難しいでしょう。彼はあなたのことを少々面倒だと思っているふしがあります。しばらくの間、すべてのツールからあの人との接触を断ち、あなたは、あなたの人生に集中しましょう。あなたの彼に対する、心の執着が完全に取れたときに、復縁の可能性が出てきます。

9.隠者

を選んだあなたは…

復縁の可能性は低いでしょう。あの人は、自分のことで頭がいっぱいで、あなたに構っている余裕がありません。たとえ、復縁することになったとしても、あの人の心があなたに戻るには時間がかかりますし、復縁後もあなたが精神的に自立していないと、寂しく思ってしまうかもしれません。

chame's One Point Advice

あなたはあなたらしく。執着や依存はやめましょう。

10.運命の輪

を選んだあなたは…

あの人と復縁できる可能性は高いでしょう。あの人は、あなたのことを思い出しては、楽しかったな～とか、かわいかったな～などと振り返って、別れてしまったことを後悔しているようです。あなたのSNSもチェックしている感じなので、いつも楽しそうで素敵な姿をアップしていきましょう。

13.死神

を選んだあなたは…

復縁はできません。潔く諦めましょう。その方が、あの人にとってもあなたにとっても幸せの道が用意されるでしょう。この別れがあったからこそ、あなたは人生を次の段階に進めることができます。あなたがイキイキと生きることで、あの人は、逃した魚が大きかったことに気づくことでしょう。

17.星

を選んだあなたは…

少し時間がかかりますが、あなたはあの人と復縁できるでしょう。お互いに休憩時間が必要だったようです。その間に、あなたは見た目だけでなく中身も、自分磨きをしていきましょう。また、やりたいことは全部やる勢いで自分を謳歌しましょう。休憩時間終了のチャイムがなると元に戻ります。

LOVE

12

この辛い片思いは
もう諦めた方がいい？
友達止まりの
あの人の気持ちを教えて！

Let's try it!

このカードで占おう！

カップの
2

カップの
6

カップの
8

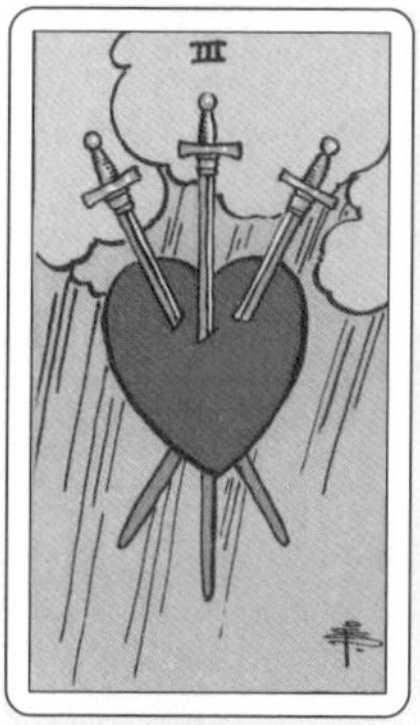

ソードの
3

ソードの
5

ソードの
8

Result

結果

カップの2を選んだあなたは…

彼はあなたに好意をもっている可能性があります。ただ、今の関係も気に入っているので、あなたの気持ちがきちんと確認できないと、積極的に動く気配がないようです。ですので、**気のあるそぶりをちょっとずつ出していきましょう。**もう出している場合は、もう少し大胆に振る舞ってみましょう。

カップの6を選んだあなたは…

彼はあなたのことが好きですが、**恋愛の好きではなく、人間としての好きでしょう。**ですので、あなたといるととても心地がいいし、**今の距離感をずっと続けたい**と願っています。もしも、あなたが距離を縮めようとすると、傷つけないように、どう言い訳や説明をするか少々困ってしまうでしょう。

カップの8を選んだあなたは…

あの人は、あなたの存在に安心感はあるのですが、**特別な感じではないようです。**いつものメンバーや家族のように、または、いつでも戻れる実家のような感じに受け取っているでしょう。ですので、ある意味、**あなたがいなくならないと、あなたの素敵さや大切さに気づくことができない**ようです。

カードの結果に応じて辛い状況から抜け出して！

ソードの3を選んだあなたは…

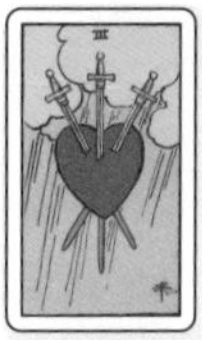

彼はあなたに恋心はありません。このままだと、今の状態が続いて、次の出会いを見逃します。キッパリと諦めることで明るい未来がやってくるでしょう。**あなたは傷つく覚悟で、彼にすべてを告白しましょう。**これは、彼とどうのこうのというよりも、あなた自身に対しての大切な儀式になります。

ソードの5を選んだあなたは…

彼はあなたのことをなんとなく都合のよい相手と思っているようです。ですので、あなたが彼を思い続ければ続けるほど、あなたの心は疲弊してしまうでしょう。時間はかかるかもしれませんが、**なるべく彼との接点をなくして、諦めていくことで、あなたの心は健康になり、素敵な恋愛につながります。**

ソードの8を選んだあなたは…

彼はあなたと同じような気持ちがある可能性があります。しかし、この関係が壊れるのを恐れて、気持ちを伝える勇気がなく、今のままでもいいかもと思っているようです。ですので、あなたがそれとなく思わせぶりの言葉をかけたり、触れたりすることで、**キッカケを作ってあげるといいでしょう。**

LOVE

13

〈不倫〉あの人の言葉を信じても大丈夫？

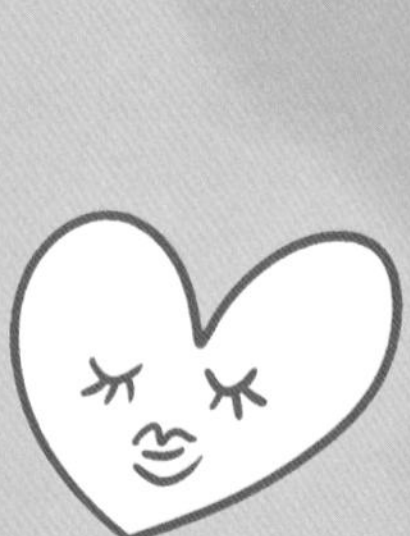

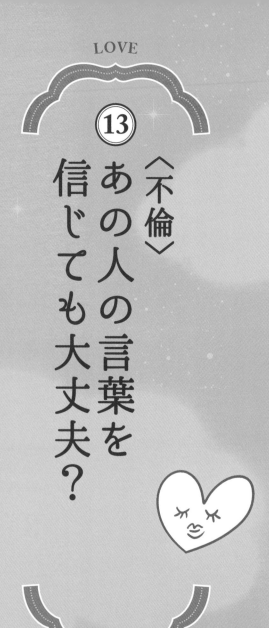

Let's try it!

このカードで占おう！

5.
法王

15.
悪魔

18.
月

ワンドの
9

カップの
6

ソードの
5

ソードの
7

ペンタクルの
4

Result

結果

5・法王
を選んだあなたは…

あの人はあなたとの関係を大切に思っているようです。ですので、**あの人が言う言葉は信じて大丈夫でしょう。**好きと言うならば本当に好きですし、一緒になりたいと言うならば本当に一緒になりたいと思っています。

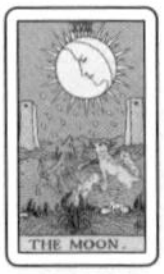

18・月
を選んだあなたは…

あの人は現実逃避なところがあります。誇大妄想なことを言ったり、守れない約束をすることがあるかもしれません。ですので、**きちんと行動が伴わない話に関しては、あまり鵜呑みにしない方がいいでしょう。**

15・悪魔
を選んだあなたは…

あの人は無意識にあなたを操ろうとしているでしょう。**この関係は、彼にとってメリットがある**ので、できるだけ長く続けたいと思っています。あなたに甘い言葉を使うことで、自分を好きでいてもらいたいのです。

ワンドの9
を選んだあなたは…

あの人は嘘はつきませんが、あまり行動力がありません。ですので、彼が言うことは、現実的なことというよりも、願望の可能性が高いです。彼が言ったことを本気にして催促したりするとオドオドしてしまうことも。

chame's One Point Advice

心の眼を開いてあの人をよく観察することも大事！

カップの6を選んだあなたは…

あの人はあなたとの関係をできるだけ長く楽しみたいと思っています。**彼の言葉に嘘はありませんが、その場を盛り上げるために多少のリップサービスはあるでしょう。**2人の未来の話をノリで話してしまうことも。

ソードの7を選んだあなたは…

あの人の言葉はあまり信用できません。彼はとても頭の回転が速く、あなたの質問に対しても、彼の本音というよりも、あなたが欲しい答えを返せるでしょう。彼があまりにもうまい話をしてきたときには用心が必要です。

ソードの5を選んだあなたは…

あの人は、あなたの気持ちをよく考えずに話をしてしまうところがあります。ですので、ときには辛辣なことを言って、あなたを傷つけてしまうことがあるでしょう。**それもこれもあの人の心の声がそのまま出たまでです。**

ペンタクルの4を選んだあなたは…

彼はあなたを自分のものにしておきたいと思っています。ですので、**彼の言葉は基本的には信用して大丈夫なのです。**しかし、あなたが彼から離れようとしたときに、あなたを繋ぎ止めるための嘘はつくかもしれません。

LOVE

14

良縁を掴むために行くべき場所や、やるべきことは？

Let's try it!

このカードで占おう！

ワンドの
4

ワンドの
5

カップの
4

カップの
7

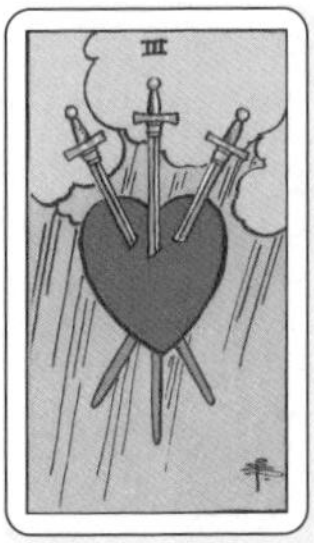

ソードの
3

ソードの
6

ペンタクルの
7

ペンタクルの
10

Result

結果

ワンドの4を選んだあなたは…

遊園地に行きましょう。動きの速いアトラクションに乗るだけでも振動数が上がって願いが叶いやすい体質になります。また、楽しくて幸せそうな人がたくさんいますから、その人たちの波動を浴びるだけでもGOOD。

カップの4を選んだあなたは…

ホテルのラウンジやお気に入りのカフェでゆっくりしましょう。美味しいコーヒーやケーキ、あるいはシャンパンを楽しむなど、充実した時間を過ごすといいでしょう。良縁に必要なエネルギーがチャージされます。

ワンドの5を選んだあなたは…

ジムやストレッチ、あるいは、スポーツができるところがいいでしょう。特に、体を動かしながら誰かとコミュニケーションできるところが最高です。あなたのオーラが明るくなって、人を惹きつける力がつきます。

カップの7を選んだあなたは…

縁結び神社を調べて参拝に行きましょう。美味しいものを食べたり、飲んだり、綺麗な景色を眺めたり、お土産を買ったりと、その日1日を楽しむことで、縁結びの神さまはあなたの味方についてくれるでしょう。

chame's One Point Advice

前向きになって行動に移すことで良縁が訪れます。

ソードの**3**を選んだあなたは…

お肉やステーキを食べに行きましょう。特に赤身の部分がオススメです。あなたの生命エネルギーが上がって、あなたにとって必要な人が登場しやすくなるでしょう。また、ベジタリアンのあなたはトマトでも可！

ペンタクルの**7**を選んだあなたは…

いちご狩りやぶどう狩りなどフルーツの収穫ツアーに出かけるといいでしょう。意外にもあなたの出会い運が爆上がりします。また、シェアするとさらにいいので、その場から友人や家族にフルーツを発送しましょう。

ソードの**6**を選んだあなたは…

海や川に行って、眺めたり音を聞いたりするといいでしょう。また、裸足になって砂浜を歩いたり、船があれば乗ったりするのもオススメです。あなたの運の流れが調整されて、出会うべき人に出会えるようになります。

ペンタクルの**10**を選んだあなたは…

イベントやパーティーを探して積極的に参加するといいでしょう。そのとき、あなたは、笑顔で人に話しかけることがポイントです。このアクションをすることで、停滞していた運の流れや出会い運が上がります。

LOVE

15

失恋から立ち直る方法は？

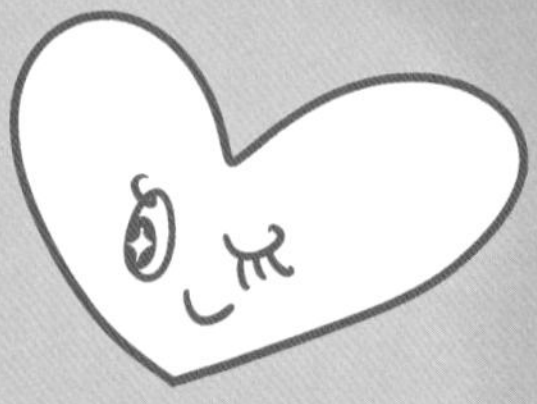

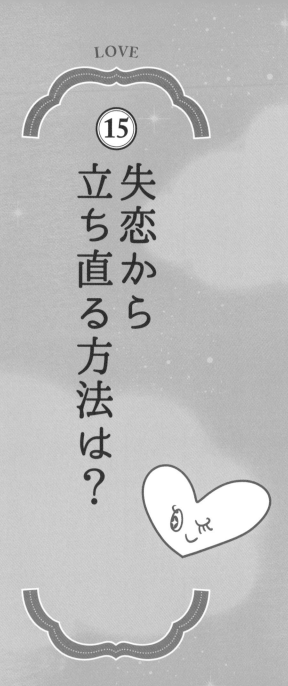

Let's try it!

このカードで占おう！

ワンドの
10

カップの
10

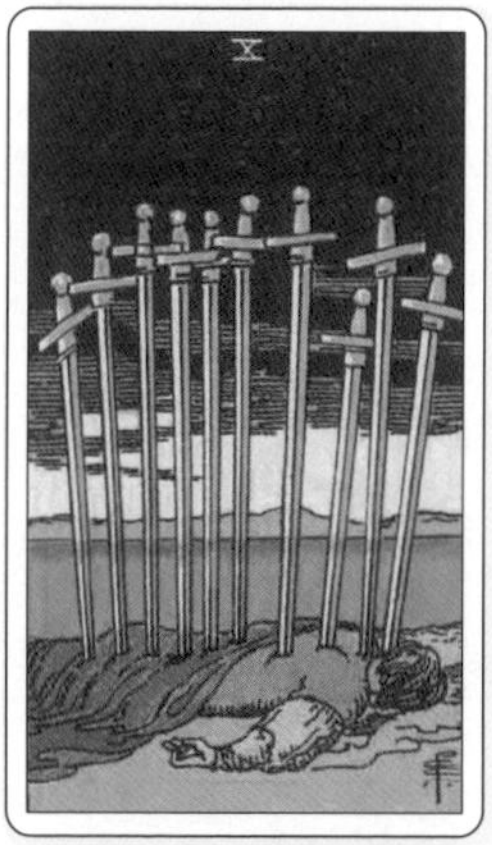

ソードの
10

ペンタクルの
10

Result

結果

ワンドの10を選んだあなたは…

気になることも、やりたいと思っていたことも、仕事も、遊びも、ぜ〜んぶやる！ くらいの勢いで、**兎にも角にも忙しくしてください。暇な時間を作らないことがポイントです**。ちょっとでも時間ができると、失恋のことを思い出して一喜一憂してしまいます。その時間をなるべく無い状態にして過ごすことで、いつの間にかあなたは回復の道を辿ることができるのです。**この中でも特にオススメなのが仕事です**。新しく仕事を見つけたり増やしたりして、没頭すると、豊かさのレベルが上がり、元気になるし豊かになるし一石二鳥になるでしょう。

カップの10を選んだあなたは…

あなたの心にぽっかりと大きな穴が空いているので、まずは、愛で包み込んであげることが大事になってきます。**あなたはできるだけ人に会って、周りにどんどん甘えてください**。気心知れた友達や家族などと、一緒に過ごす時間を増やしましょう。特に、**家の中だけにいないで外出を増やすと、回復が早まります**。ドライブに行ったり、ご飯を食べたり、何気ない時間を共有するだけで、あなたの心の穴は少しずつふさがって、かさぶたになっていきます。時間がかかるかもしれませんが、この回復期間こそ、あなたの魂は大きく成長していくでしょう。

chame's One Point Advice

あなたなりの立ち直り術を知って元気になってね。

ソードの10を選んだあなたは…

あなたは、中途半端に心に蓋をして元気をよそおっても、また落ち込んでしまうところがあります。というのも、あなたは、**とことん落ち込んだ方が回復することができるのです。**しばらく寝込んだっていいですし、友人に愚痴や泣き言を永遠に聞いてもらってもいいでしょう。悲しみや苦しみ、そして毒を出し切って、もうこれ以上出ない！というところまでいくと、あなたの心は白黒からカラーに復活できるでしょう。**ポイントは、ひとりで苦しまないことです。こんなときこそ、周りに迷惑をかけていいのです。**人間は誰しも素晴らしい愛があるのです。

ペンタクルの10を選んだあなたは…

あなたは心に負担がかかると、**それ相当のメリットがあれば、意外にも乗り越えることができるでしょう。**つまり、自分自身に、苦しかった分のご褒美を与えてあげるのです。逆に、こんなときでないと、思い切ることはなかなかできませんから、捉え方によっては、チャンスなのです。行きたかった国へ行ってみたり、欲しかったジュエリーを買ってみたり、食べたかったコース料理を食べてみたり、あるいは、何かの資格にチャレンジするのもいいでしょう。**あなたは、失恋がエネルギー源となって、人として確実にレベルアップを図ることができるのです。**

FAQ ③

chame'sレクチャー

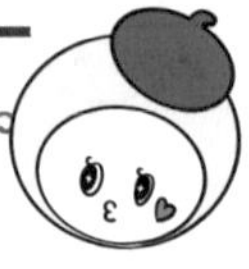

≪実践編≫

Q
**同じテーマの
占いを定期的に
やっても大丈夫？**

大丈夫です。

Q
**タロット占いをする
ときにテーブルクロスは
必要？**

なくても占いはできますが、
あった方が程よい摩擦が生じて、
カードを混ぜやすくなります。
タロット用のクロスが1枚あると
いいかもしれません。

Q
**タロットカードは
どんな種類を
使ってもいいの？**

はい、どんな種類でも大丈夫です。
大きく分けると「ウェイト版」
「マルセイユ版」がありますが、
この本ではウェイト版を
使用しています。
形も一般的な長方形をはじめ
丸型もあります。また、新しい
タロットカードを開封する
タイミングは「一粒万倍日」
などがオススメです。
＊本書の付録を使って
占うこともできます。

Q
**疲れているときに
タロット占いをしても平気？**

しっかり睡眠をとってからの方が、
正確に占いができます。

Chapter 3

–JOB&MONEY–

◆第3章

仕事とお金

JOB &MONEY

1

私にはどんな仕事が向いている？天職は？

Let's try it!

このカードで占おう！

0.
愚者

1.
魔術師

2.
女教皇

3.
女帝

5.
法王

6.
恋人

7.
戦車

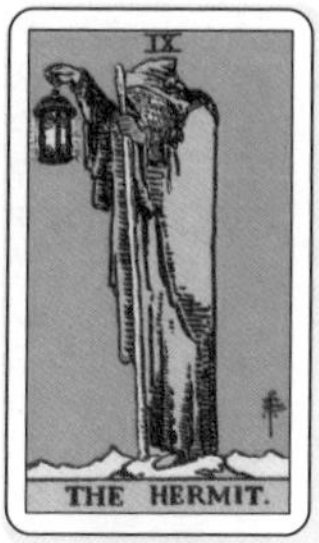

9.
隠者

Result

結果

0・愚者

を選んだあなたは…

どこかに所属するというよりも、**自由気ままなフリースタイルで働ける仕事が向いているでしょう。**時間や空間に縛られず、あなたがどこにいようとも、好きなときに、好きな仕事を、マイペースでする感じです。

2・女教皇

を選んだあなたは…

サイキックなセンスがあるようです。第三の眼が開いていて、人の心の中が読めたり直感が冴えていたりするでしょう。ですからそれを生かした、**カウンセラーや占い師などスピリチュアル業界で活躍できるでしょう。**

1・魔術師

を選んだあなたは…

スペシャリストとして活躍できます。医者、弁護士、技術者、司会者、料理人、ＹｏｕＴｕｂｅｒなど特技を生かして人の役に立てます。まだわからない人は、好きなことや人からよく頼まれることにヒントがあります。

3・女帝

を選んだあなたは…

美容やファッション、アロマやカフェ、芸術や癒やし、動物、子供関係などの仕事が向いています。また、**クリエイティブなセンスがあります**から、生み出すことを楽しんでいるといつの間にか仕事につながるでしょう。

chame's One Point Advice

占い結果を参考に自分に向いた仕事を見つけましょう。

5・法王を選んだあなたは…

あなたは説明するのが上手だったり、人との信頼関係を築くことができるので、育てたり教えたりする、**先生と呼ばれる仕事が向いています**。また、カリスマ性もありますから、同じ業界の中でも人気がでるでしょう。

7・戦車を選んだあなたは…

あなたは動けば動くほど活力がみなぎり、本領が発揮できます。ですので、いつも景色が変わる環境など、**移動が多い仕事がいいでしょう**。また、**乗り物関係や旅行や海外に携わる仕事**もとてもオススメです。

6・恋人を選んだあなたは…

明るいオーラを放っていて、人の心を掴むのがうまいので、**人と関わる仕事が向いています**。また、好きこそ物の上手なれで、**好きなことを仕事に**すると、あなたにとって、仕事が遊びで遊びが仕事になるでしょう。

9・隠者を選んだあなたは…

あなたは職人気質なので、**ひとつのことに没頭する仕事が向いています**。システムエンジニア、研究者、学者、モノづくり、作家、書道家、陶芸家ｅｔｃ．ハマるとずっとできてしまうことがあなたの仕事につながります。

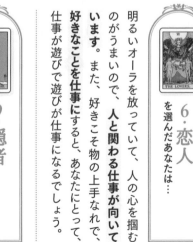

JOB &MONEY

②

今の仕事を続けた方がいい？やめた方がいい？

Let's try it!

このカードで占おう！

0.
愚者

4.
皇帝

13.
死神

20.
最後の審判

ソードの
2

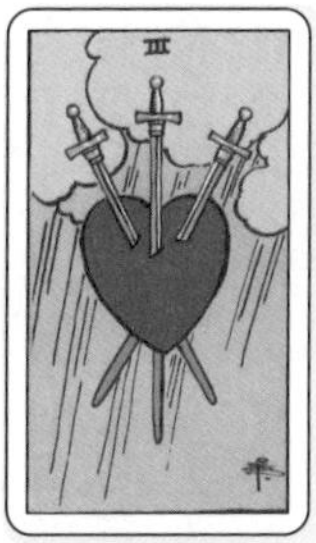

ソードの
3

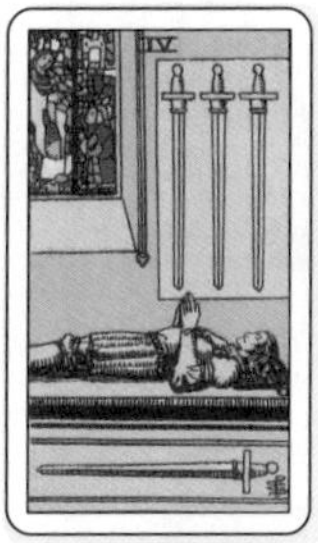

ソードの
4

ソードの
7

Result

結果

0・愚者
を選んだあなたは…

どっちでもOKでしょう。ですので、**あなたの自由に、ノリと勢いで決断してみましょう。**というのも、仕事を続けても辞めても、あなたに必要な経験が待っているだけなので、どっちにしろ同じ感じになります。

13・死神
を選んだあなたは…

あなたは人生の変化の時期に差し掛かっています。**今の仕事はもうそろそろ辞めていいでしょう。**いろいろ考えると動けなくなるので、先に行動しましょう。辞めることで、人生の次のステージが幕を開けます。

4・皇帝
を選んだあなたは…

仕事は継続しましょう。あなたが思っているよりも、あなたは環境に恵まれているでしょう。しっかりとした会社で、長く勤める価値は十分にあります。また、あなたの自信や心の安定にもつながっているでしょう。

20・最後の審判
を選んだあなたは…

仕事は継続しましょう。あなたは今このままでいいのか迷っていますが、しばらくすると、仕事が楽しくなったり、昇進したり、嫌な人が違う部署に異動になったりと、あなたにとってラッキーな展開になります。

chame's One Point Advice

見誤らないようにカードが背中を押してくれるはず。

ソードの2を選んだあなたは…

今は急いでどちらかに決める必要はありません。しばらく、この決断は、どっちに流れてもいい具合に、保留にしておくといいでしょう。**目の前の仕事に集中し、流れに身を任せることで、自然と運命に導かれます。**

ソードの4を選んだあなたは…

仕事を続けるにしろ、辞めるにしろ、**今のあなたに一番必要なのは休むことでしょう。**何もしない時間を作ることで、いろんなことを冷静に考えることができるようになります。それから、今後の道を決めましょう。

ソードの3を選んだあなたは…

今の仕事はスパッと辞めましょう。決断するのは心苦しいかもしれませんが、決めた途端に、あなたの心は楽になるでしょう。また、仕事だけでなく、人間関係やモノなども合わなくなってきたら見直しましょう。

ソードの7を選んだあなたは…

今の仕事は辞めましょう。しかし、いきなり辞めるのではなく、今の仕事をしながら、次の仕事を見つける行動を始めましょう。**計画性を持つことで、要領良く、不安やストレスも無く、するっと仕事が移行できます。**

JOB &MONEY

3

仕事を探すときに大切にすべきことは？

Let's try it!

このカードで占おう！

0.
愚者

3.
女帝

4.
皇帝

6.
恋人

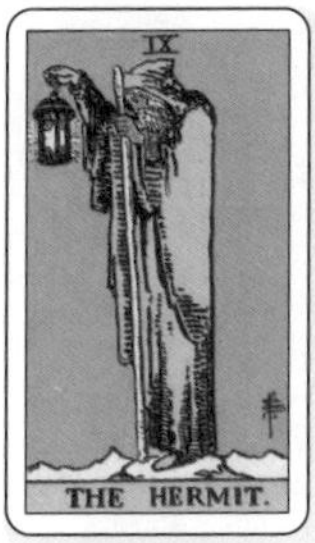

9.
隠者

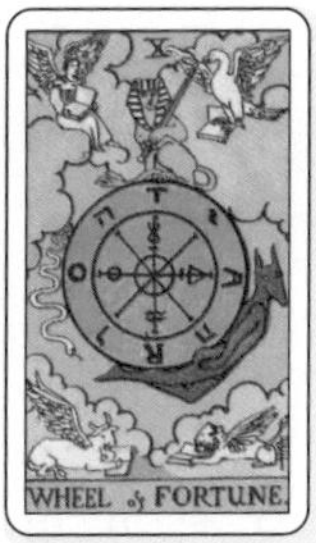

10.
運命の輪

14.
節制

17.
星

Result

結果

0・愚者 を選んだあなたは…

あなたは縛られず、自由な環境にいることで、一番いいパフォーマンスを発揮することができます。ですので、フリーランスが合っているでしょう。就職する場合は、新しい働き方を取り入れている会社がオススメです。

4・皇帝 を選んだあなたは…

あなたは安定感があって、長く続けられるかどうかを重視するといいでしょう。ですので、その会社の安定性や、口コミなどもチェックするといいでしょう。また、ベンチャーよりも老舗企業の方が合っています。

3・女帝 を選んだあなたは…

あなたはトキメキを重視するといいでしょう。好きな街にあったり、職場の空間やラウンジのセンスが良かったり、美味しいランチのお店が近くにあるなど、**あなたのテンションがちょっとでも上がることが大事です。**

6・恋人 を選んだあなたは…

あなたは、**人間関係が楽しければ、どんな会社でも楽しく仕事をすることができます。**ですので、そこで働いている人たちが優しそうであったり、和気藹々《あいあい》としているかどうかをポイントとしてチェックしましょう。

chame's One Point Advice

現状が「結果」と大きく異なるようなら、あなたに合った仕事を本気で探すときがきているかもしれません。

9・隠者を選んだあなたは…

あなたは、いろんな人にアクションをしていくような営業は向いていません。ここを間違うとかなり疲弊するので注意です。目の前のことに集中して、**コツコツと職人のように仕事ができることがポイントになります。**

14・節制を選んだあなたは…

今のあなたが無理せずにできる仕事を探しましょう。**大体、7割くらいの力でできる感じがちょうどいいです。**ですので、忙しすぎないことと、休みが多く取れたり、ちょっと簡単そう！というくらいがオススメです。

10・運命の輪を選んだあなたは…

あなたに**合っている仕事は、決まるまでトントン拍子に進みますから、とてもわかりやすいでしょう。**逆に、なかなか決まらない場合は、そこではありませんというお知らせです。この運命の流れに従いましょう。

17・星を選んだあなたは…

最終的にどうなりたいのかを明確にすることをオススメします。お金を貯める、欲しいものを手に入れる、技術を高めるなどゴールを明確にしましょう。**あなたにとって仕事は、ゴールに向かうための通過点なのです。**

JOB &MONEY

④ 私の仕事の転機を教えて！

Let's try it!

このカードで占おう！

7.
戦車

8.
力

15.
悪魔

16.
塔

カップの
4

カップの
9

ソードの
6

ソードの
9

Result

結果

7・戦車

を選んだあなたは…

他にやりたいことが見つかって、いてもたってもいられなくなったときが仕事の転機です。どうしようか迷うこともありません。逆に迷っている間は転機ではない印です。気がついたら動いてしまっているでしょう。

15・悪魔

を選んだあなたは…

断りたいのに断れないとか、辞めたいのに辞められないなどの愚痴を言ったときです。しかし、愚痴を言いながらも続けていたら、あなたの潜在意識はこの状態に快感を覚えているので、それに気づくことが大事です。

8・力

を選んだあなたは…

やればやるほど空まわりになったり、力を尽くしても、**どうにもうまくいかないときは仕事の転機になります。**それはあなたの仕事ではないお知らせだからです。あなたに合う仕事はもっと簡単でスムーズなのです。

16・塔

を選んだあなたは…

転機は**青天の霹靂のようにいきなり訪れるでしょう。**急な昇進や、引き抜きがあるかもしれませんし、会社が買収されたり、倒産したりするかもしれません。抵抗せずに、飛び込み、受け入れていくと幸運を掴みます。

chame's One Point Advice

占い結果に基づいて転機のタイミングを逃さずに！

カップの4を選んだあなたは…

あなたが**直感的に体力または精神的に休みを必要としたときです。**ゆっくりと休んで内観したり、たっぷり好きな時間を過ごすことで、次のフィールドへシフトすることができます。かなり長く休んでもOKでしょう。

ソードの6を選んだあなたは…

自然な感じで、川の流れのように、あなたの仕事の転機は訪れます。なので、あまり努力は必要ではありません。**あれよあれよという間に、次の仕事に辿り着き、前の状態よりもいい状態にシフトしていける**でしょう。

カップの9を選んだあなたは…

仕事に満足しきったときです。そのときは、今の立場に居座らず、自分よりもちょっと下の段階の人に、いろいろ教えてあげたりなど、仕事を引き継いでいきましょう。するとあなたの仕事運はかなりレベルアップします。

ソードの9を選んだあなたは…

あなたの仕事の転機は、かなり体調を崩したとき、かなり理不尽な目にあったとき、しつこく人がしがみついてきたときの3点セットです。どれもこれも、**あなたに今の仕事の環境の強制終了を知らせてくれています。**

JOB &MONEY

5

もうお金で苦しみたくない！金運アップするには？

Let's try it!

このカードで占おう！

ペンタクルの
2

ペンタクルの
3

ペンタクルの
4

ペンタクルの
5

ペンタクルの
6

ペンタクルの
7

ペンタクルの
8

ペンタクルの
9

Result

結果

ペンタクルの **2** を選んだあなたは…

お金の入り口を増やしましょう。ネットを使ってなんでもいいから売ってみたり、ちょっとした空いた時間にもうひとつ仕事をしてみたり。お金の入り口が増えれば増えるほど、あなたの金運はアップしていきます。

ペンタクルの **4** を選んだあなたは…

あなたはお金の流れが少々滞っているようです。お金を得たり貯めたりすることよりも、**上手に使う、つまり素敵な使い道を意識していくといいでしょう。**使い方が上手になればなるほどあなたの金運は上昇します。

ペンタクルの **3** を選んだあなたは…

得意なことをリアルでもネットでもどんどんアピールしましょう。無い場合は、興味があることならなんでもいいので技術を身につけましょう。**人から頼まれることを楽しむことで、金運が自然と上がっていきます。**

ペンタクルの **5** を選んだあなたは…

あなたはお金としっかり向き合うことが必要でしょう。今いくら持っていて、借金がある場合はそれがいくらで、毎月いくら必要かなど。**きちんと把握することで、今後の見通しが立ち、金運が味方になってくれます。**

chame's One Point Advice

定期的に金運アップの神社へ参拝するのもオススメ。

ペンタクルの6を選んだあなたは…

先行投資することで、あなたの金運がアップしていきます。身につけたい技術があるならばそれでもいいですし、長期的に投資信託をしたいならばそれもGOOD。未来を描いて計画的にお金をまわしていきましょう。

ペンタクルの7を選んだあなたは…

お金の流れを改善すると金運が良くなります。あなたは、どこにどうお金が動いているのかが、把握しきれていません。あなたにとって不要な部分に、お金が流れているので、**ひとつひとつチェックして改良しましょう。**

ペンタクルの8を選んだあなたは…

目の前の人やモノ、そして仕事に愛を持って丁寧に接していきましょう。それが一番近道の金運アップ法です。あなたの金運はいきなりではなく、階段のように徐々＆着実にグレードアップするので安心してください。

ペンタクルの9を選んだあなたは…

金運アップのキーワードは育てることです。つまり、**あなたが知っていることを誰かに教えるのです。**まだ知らなくとも、何かを学んで、ちょっとでも成長したら、自分より知らない人に教えることを始めましょう。

JOB &MONEY

6

今月（または今週）の仕事運は？

Let's try it!

このカードで占おう！

ワンドの
2

ワンドの
3

ワンドの
4

ワンドの
6

ワンドの
7

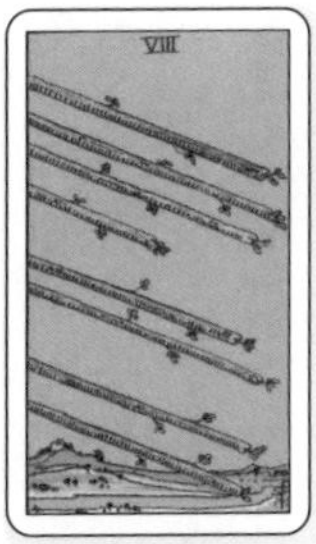

ワンドの
8

ワンドの
9

ワンドの
10

Result

結果

ワンドの2を選んだあなたは…

迷ったり、比べたりして、なかなか先に進まないでしょう。**無理矢理、進める必要はないので、この過程を楽しむといいでしょう。**時期が来れば、勝手にしっくりくる方がわかったり、意外な方法が見つかったりします。

ワンドの4を選んだあなたは…

今は、進めるよりも安定させることが大事です。あまり急がずに、見直したり、ちょっと熟成させるといいでしょう。また、少々、疲れが出てきているようです。**あまり頑張らずに、マイペースを心がけるといいでしょう。**

ワンドの3を選んだあなたは…

日頃の準備や行いが功を奏し、**気持ちよく仕事ができるでしょう。**ちょうどいい具合にちょうどいい人やモノが登場したりと、思い通りの展開が期待できます。**なかなかうまくいかなかったことも、動き出します。**

ワンドの6を選んだあなたは…

見せ方を工夫することで、なかなかいい感じになります。中身は後からでも全く問題ありませんから、第一印象やパッケージを良くすることに重点をおきましょう。**いつの間にか勝ち組になることができます。**

占う前に、今月または今週、どちらかの設定をしてね。

ワンドの7を選んだあなたは…

結構忙しく、**バタバタして、焦ってしまうことがあるかもしれません。**しかし、順番を決めて、ひとつずつこなしていくことで、きちんとノルマを完了させることができます。ですので、**落ち着いて仕事をしましょう。**

ワンドの8を選んだあなたは…

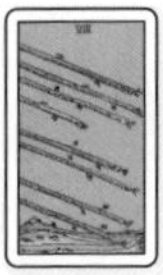

企画が通ったり、打ち合わせがスムーズだったり、とてもいい手応えがあったり、お客さまの反応が良かったり、いい感想をもらえたり、滞っていたことが動き出したりと、**なんでもうまくいく絶好調の運気でしょう。**

ワンドの9を選んだあなたは…

あなたはちょっと自信がなくなっていて、勇気が不足しているようです。やってみないことには、それがどうなるかもわかりませんし、改良ポイントも見出せません。**勇気を出して一歩進めることで次の扉が開きます。**

ワンドの10を選んだあなたは…

容量オーバーになっています。仕事の量を調整する必要があります。スケジュールを調整したり、周りの人に頼むことも大事です。また無理なことは早めに相談したり断ることで、非常に仕事がやりやすくなります。

JOB &MONEY

7

仕事運アップのためにやるべきことは？

Let's try it!

このカードで占おう！

ワンドの
ナイト

ワンドの
クイーン

カップの
ナイト

カップの
クイーン

ソードの
ナイト

ソードの
クイーン

ペンタクルの
ナイト

ペンタクルの
クイーン

Result

結果

ワンドのナイトを選んだあなたは…

ヤル気と活力がみなぎる**赤色を身につける**、体の巡りを良くするために**朝に散歩をしたりスポーツ**をしたりする、道開きの神さまである、**サルタヒコノミコトが祀られている神社**へ参拝に行く、の3点セットです。

カップのナイトを選んだあなたは…

あなたの本来の優しさが溢れ出す**水色を身につける**、相手のためは自分のためなので、**相手のためになることをシェア**する、一気に次元が上昇する**龍神さまが祀られている神社**へ参拝に行く、の3点セットです。

ワンドのクイーンを選んだあなたは…

あなたの魅力が倍増する**オレンジ色を身につける**、気分が上がると波動も上がるので**オシャレをする**、芸能や人気の神さまである**アメノウズメノミコトが祀られている神社**へ参拝に行く、の3点セットです。

カップのクイーンを選んだあなたは…

浄化の作用がある**白色を身につける**、自分を癒やすと周りにも癒やしをもたらすことができるので、**自分をたっぷり癒やす**、技術やお金、商売繁盛の神さまである**弁財天が祀られている神社**へ参拝に行く、の3点セットです。

chame's One Point Advice

仕事運アップの3点セット、さっそくやってみましょう！

ソードのナイトを選んだあなたは…

面白いアイディアが浮かぶ**黄色を身につける**、チャンスを掴みやすくするために**考える前に行動する**、どんな困難も乗り越える神さまである**スサノオノミコトが祀られている神社**へ参拝に行く、の3点セットです。

ペンタクルのナイトを選んだあなたは…

平和と健康をもたらす**緑色を身につける**、とにかく地に足をつけるといいので、**現実的なところをきちんと整える**、才能がお金に変わる神さまである**恵比寿さまが祀られている神社**へ参拝に行く、の3点セットです。

ソードのクイーンを選んだあなたは…

自分軸の柱が太くなる**シルバーの色を身につける**、ビクビクせずに**自分の意見をハッキリと言う**、影響力が半端ないすごい神さまである**アマテラスオオミカミが祀られている神社**へ参拝に行く、の3点セットです。

ペンタクルのクイーンを選んだあなたは…

最高の波動である**ゴールドの色を身につける**、机の周りなど**仕事をする環境を整える**、体や心、環境など、すべてを整えてくれる神さまである**トヨウケヒメが祀られている神社**へ参拝に行く、の3点セットです。

JOB &MONEY

8

仕事で成功・収入倍増できる？

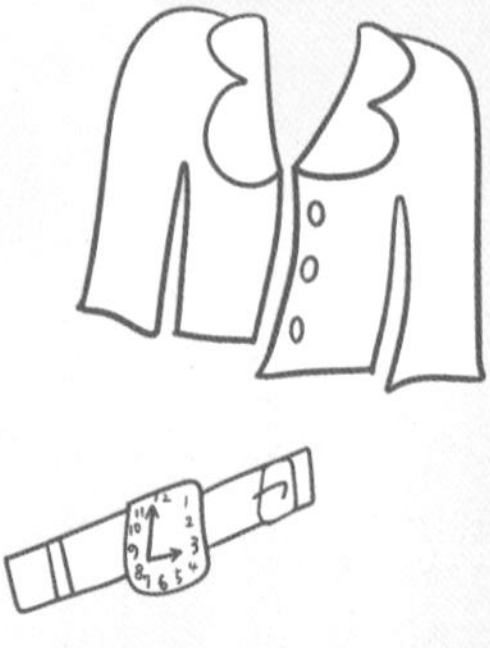

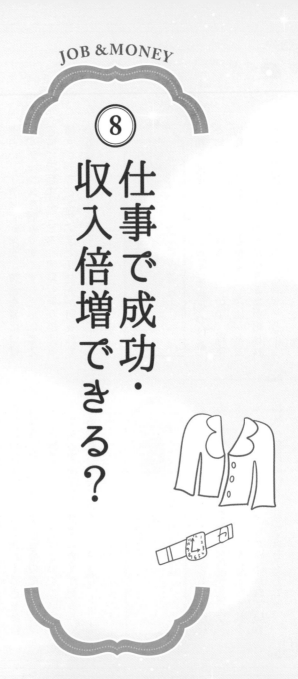

Let's try it!

このカードで占おう！

7.
戦車

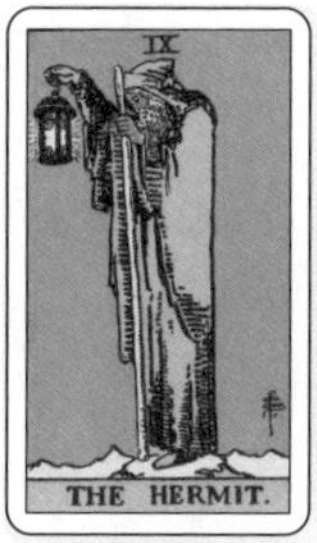

9.
隠者

20.
最後の審判

ワンドの
6

カップの
7

ソードの
7

ペンタクルの
エース

ペンタクルの
3

Result

結果

7・戦車

を選んだあなたは…

独立心旺盛でエネルギッシュです。とても勢いがあり、行動すればするほど、チャンスを掴んでいくでしょう。スピード感があるので、**やれることはすべてやってしまいましょう。かなり早めに成功するでしょう。**

20・最後の審判

を選んだあなたは…

あなたが思っている以上に、**繁栄する予感です。**生活レベルも上がっていくでしょう。また、うまくいかなくても、ちょっと方法を変えて、何度もチャレンジしていいでしょう。**諦めない精神が幸運を引き寄せます。**

9・隠者

を選んだあなたは…

あなたはこだわりが強く、自分のビジョンに基づいて仕事しがちですが、あなたと周りの反応に少々ギャップがありそうです。もう少し、**お客さまのニーズに合わせたり、自分の見せ方を工夫したりするといいでしょう。**

ワンドの6

を選んだあなたは…

あなたはあなたの周りにいる人たちよりも、**頭ひとつ出た状態まで持っていけるでしょう。**ただ少々嫉妬されやすいところがあるので、周りの人の言動などにいちいち反応せず、あなたはあなたの道を行きましょう。

chame's One Point Advice

カードが教えてくれるメッセージに素直に耳を傾ければ、きっとあなたは仕事で輝き成功するでしょう。

カップの7を選んだあなたは…

おいしい話にふらふら寄り道をしがちなあなた。あれもこれもと欲張らず、**どのようになりたいのかを明確にしておきましょう。**そうすれば、あなたにとっての最短距離で目標を達成していくことができるでしょう。

ペンタクルのエースを選んだあなたは…

あなたの願望は成就します。**こうなりたい！と思うことは見事に形になりますし、とても手応えのある仕事ができます。**また、いろいろと種植えをしていくことで、それは大きく育ち豊かさの実がなっていくでしょう。

ソードの7を選んだあなたは…

あなたは、要領がよく再現力がとてもあります。やりたいことで成功している人をよく観察して研究をしましょう。あなたは、**あっという間にそれを自分のものにして、気がつくとその人も追い越していけるでしょう。**

ペンタクルの3を選んだあなたは…

なんでもひとりでやろうとすると限界がきて息詰まりますが、**あなたができないことはそのことが得意な人や、専門家にお願いすることで、あなたのビジネスはうまくまわり出して、**着実に大きくなっていくでしょう。

FAQ④

chame'sレクチャー

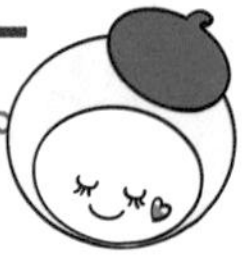

≪実践編≫

Q

その日の気分で、使うタロットカードの種類を変えても大丈夫？

全く問題ありません。

Q

よくない結果が出た…すぐに同じ占いをしたいです…

結果が変わると、どちらを信じていいのか混乱するので、しばらくしてから占いましょう。

Q

タロットカードを浄化したい場合は何をすればいい？

いろいろな方法がありますが、下記の２つがとても簡単でしょう。

- **タロットカードを日光浴させる**
- **タロットカードの上で手をパンと叩く**

Q

占いたい項目がこの本のどこにも載っていない場合は？

『タロットキャラ図鑑』（ナツメ社）や、『すごいタロットカード』（日本文芸社）などを読んで、自分で占えるようになると楽しいですよ！

Chapter 4

—RELATIONSHIP—

◆第4章

人間関係

—友達・職場・家族—

RELATIONSHIP

1

私の友達との付き合い方のタイプは？

Let's try it!

このカードで占おう！

ワンドの
エース

カップの
エース

ソードの
エース

ペンタクルの
エース

Result

結果

ワンドのエースを選んだあなたは…

あなたにとっての友達付き合いは、**一緒に心がワクワクできるかがポイントでしょう。**面白そうなイベントに参加したり、一緒に何かのプロジェクトを進めたりするなど、何かしら心の盛り上がりを共有できると、あっという間に仲良くなっていくでしょう。

また、趣味が似ていると仲良くなることができます。精神的に自立しているので、**基本的に、あまりベタつくことはなく、日頃は、それぞれがそれぞれの好きなことをして過ごします。**面白そうなことを見つけたら会う感じで、軽くてノリのいい雰囲気が、ずっと楽しい関係でいられるでしょう。

カップのエースを選んだあなたは…

あなたにとっての友達付き合いは、**心の共有がメインになります。**一緒に旅行に行ったり、芸術的なものを見たりして、心を触れ合わせること……何を見てどう感じたか、どこかに行ってどう思ったかなどの共有をすることで幸せを感じ、絆を深めていきます。

ですので、それを採用するかしないかは別として、何かを見たときに、自分の中の感想だけでなく、友人の感想や意見も知りたい気持ちになるでしょう。ただ、少々、相手の気持ちに同化しやすいところがあるので、**仲良くなる人は、なるべく、物事のプラスの面を見ることができる人がオススメ。**

まずはオープンマインドで。自分に合った関係を築けそうな人がいたら、勇気を出して声をかけてみて！

ソードのエースを選んだあなたは…

あなたにとっての友達付き合いは、**情報交換がメインになります。**新しいことや面白いことをシェアし合うことで、とても勉強にもなりますし、楽しい気持ちになります。ですので、あなたは、**頭の回転が速く、行動的な人と遊ぶととても充実できるでしょう。**また、いつも同じメンバーでなくても良さそうです。たまに、新しい人が加わっていると、さらに新鮮な話題になりますし、面白い世界を垣間見ることができるでしょう。特に、ビジネスをしている人は、**遊びながら、有益な情報をゲットすることができて、一石二鳥の友人関係は最高に楽しめます。**

ペンタクルのエースを選んだあなたは…

あなたにとっての友達付き合いは、**とても安心できる関係性がポイントになります。**一度仲良くなると、しっかりとした信頼関係を構築し、長くお付き合いできるのもあなたの特徴でしょう。そんなに頻繁に会わなくても、会えば、いつも通りの落ち着いた感じになります。また、ご飯を一緒に食べながら、じっくりと話をすると仲良くなる傾向があるでしょう。そして、**あなたは友人をそんなに多くは必要としません。数人、あるいは、ひとりでもOKでしょう。**また、自分との関係を1と数えるならば、ある意味、友人は自分であってもいいわけです。

RELATIONSHIP

2

ソウルメイト（親友）は どんな人？ いつどこで会える？

Let's try it!

このカードで占おう！

ワンドの
ペイジ

カップの
ペイジ

ソードの
ペイジ

ペンタクルの
ペイジ

Result

結果

ワンドのペイジを選んだあなたは…

あなたのソウルメイトは、とても素直で純粋な人でしょう。思っていることが顔に出てしまうので、機嫌がいいのか悪いのかなど、わかりやすいです。ただ、ちょっと子供っぽいところがあるので、嫌なことがあると、あなたに当たることがあり、無口になることがあるかもしれません。しかしながら、それは心の距離がとても近いことを意味しているのと、お互いの魂の成長のための必要な経験なのでしょう。**出会いは、突然訪れます。そして、一度会うだけで、お互いに何かしら気になり、話してみたい気持ちになるのでわかりやすいでしょう。**

カップのペイジを選んだあなたは…

あなたのソウルメイトは、とてもチャーミングで目がくりくりして小柄なタイプかもしれません。そして、色白の人の可能性が高いです。心はとても繊細で、いろんなことに過敏に反応してしまうようなところがあります。人の気持ちがよくわかり、自分のことのように感じ取ることができるのです。それもこれも、感性が鋭いところからきているでしょう。**出会いは、自然な流れでやってきます。**知り合いの知り合いであったり、とある集まりの会場の片隅にいたりなど、ちょっとした会話からお互いに惹かれるものがあり意識することになります。

chame's One Point Advice

あなたのソウルメイトの特徴をよく覚えておきましょう。

ソードのペイジを選んだあなたは…

あなたのソウルメイトは、思ったことをハッキリと言ってくれる人でしょう。ときには熱が入ってしまって言い過ぎたり、辛辣な発言をすることもあり、あなたはイラッとしてしまうことがあるかもしれません。しかしながら、それは、あなたのことが自分のことのように思えてしまうからなのです。つまり、愛情の裏返しといったところでしょう。**仕事や仕事のつながり、あるいはコミュニティーなどで出会う可能性が高いです。**最初は控えめな人に感じるかもしれませんが、慣れてくると、かなりなんでも言ってくるので、そんな人がいたら要チェックです。

ペンタクルのペイジを選んだあなたは…

あなたのソウルメイトは、困ったときには手を差し伸べてくれたり、必要な情報があったら調べてくれたり、どこかに行ったら、あなたのことを思い出してお土産を買ってきてくれたりなど、**あなたの役に立ちたいと心から思ってくれる人の中にいます。**そもそも、あなたのことが人間として好きで、いつの間にか、愛犬のように懐いてしまう感じかもしれません。どのように出会うかですが、**ソウルメイトは、あなたを発見すると、なんだかんだ付かず離れず、あなたについてきます**から、あなたの方から探しに行かなくても出会うことになっています。

RELATIONSHIP

③

私が避けるべき人は？

Let's try it!

このカードで占おう！

ワンドの
5

ワンドの
7

カップの
5

カップの
8

ソードの
5

ソードの
7

ペンタクルの
4

ペンタクルの
5

Result

結果

ワンドの5を選んだあなたは…

ズバリ構ってちゃんです。あなたは優しいのでつい構ってしまうと、LINEがたくさん来たりと、あなたの心は知らず知らずに疲弊してしまいます。うまくスルーして構ってちゃんに懐かれないようにしましょう。

カップの5を選んだあなたは…

うまくいっている人の話をすると、**何かしら粗探しをしてくる人とは距離を置きましょう。**その人はとてもプライドが高く嫉妬深い性質があり、あなたがうまくいくと、あなたの粗探しを懸命にするでしょう。

ワンドの7を選んだあなたは…

こちらの状況を想像できずに、**いろいろ頼んできたり、良かれと思っておせっかいなことをしてくる人です。**一度ハッキリとこちらの気持ちや状況を伝えてそれでも理解できない場合は距離を置いた方がいいでしょう。

カップの8を選んだあなたは…

不都合なことが起きたとき**肝心なところで、連絡が途絶えたり、どこかに行ってしまう人とは距離を置いた方がいいでしょう。**その人は責任を伴うことは避ける性質があるので、一緒になにかすると問題が起きます。

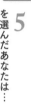

chame's One Point Advice

あなたを大事にしていない人とは距離を取るべき。
違和感に気づくことで、もっと生きやすくなります。

ソードの5を選んだあなたは…

小さなことでも辻褄が合わなくておかしいな!? という話をする人は避けましょう。その人は自分の利益しか考えないので、ちょこちょこその場しのぎの嘘をつき、嘘がバレないようにまた嘘を被せていくのです。

ペンタクルの4を選んだあなたは…

執着する人とは距離を置きましょう。一見、心地よく、共依存になりがちなので注意が必要です。あなたがいないとダメなの!や、あなたが離れそうになると機嫌を取ったり餌でつったりするのでかなり厄介です。

ソードの7を選んだあなたは…

テイカーは避けましょう。いつもあなたばかりが与えている人はいませんか? その人は一見、人懐っこく、いい人に見えます。要領よくあなたからいろいろ聞き出して吸い取ったら次の寄生する人を探すでしょう。

※テイカーとは、人の利益を奪い取って自分の利益を優先させる人のことです。

ペンタクルの5を選んだあなたは…

本音を語れない人とは距離を置きましょう。ある一定以上は仲良くなれませんし、困ったことが起きたときに秘密があったりと、こちらも被害を受けることがあります。また本質に触れるとキレることがあります。

RELATIONSHIP

4 私の人間関係・周囲の評価は？嫌われていませんか？

Let's try it!

このカードで占おう！

0.
愚者

2.
女教皇

4.
皇帝

5.
法王

8.
力

12.
吊るされた男

14.
節制

19.
太陽

Result

結果

0. 愚者
を選んだあなたは…

あなたに嫌な感情をもっている人はいません。逆になんとも思われていないので安心しましょう。それはちょっと寂しいと思わなくても大丈夫です。あなたを含め、**ほとんどの人は、自分のことで頭がいっぱいです。**

4. 皇帝
を選んだあなたは…

みんなあなたをリーダーのように頼れる存在だと感じています。あなたがいるだけで、なんとなく安心できるでしょう。ただ、あなたは少々頑固なところがあり、**意見を聞いてもらうには少し大変かもと思われています。**

2. 女教皇
を選んだあなたは…

周囲の人はあなたを、とても魅力的に感じています。しかしながら、仲良くなれる隙がなかったり、表情がかたくて、何を考えているのかわからないところがあり、**少々とっつきにくい人と思われているでしょう。**

5. 法王
を選んだあなたは…

みんなにとても尊敬され信頼されています。相談されることも多いのではないでしょうか。ただイメージが先走りしているところがあるので、もしも、**不道徳なことをしてしまうと、イメージダウンが激しいでしょう。**

chame's One Point Advice

周囲の評価を気にしすぎるのは災いのもとになります。

8・力
を選んだあなたは…

あなたは反抗的なところがあり、**面倒な人と思われているふしがあります。**いきなり抵抗するのではなく、なぜそういう気持ちになるのかを、**きちんと説明することで、今より円満な関係**を築くことができでしょう。

14・節制
を選んだあなたは…

あなたは、**人と話を合わせるのが上手**なところがあり、とても話しやすく、どんな人からも、みんなから嫌われている人からも、相性がいいと思われるラッキーなところがあります。**みんなから好感をもたれています。**

12・吊るされた男
を選んだあなたは…

あなたは早送りのように、**いつも忙しそうな人に見えているようです。**ですので、話しかけにくかったり、ご飯なども誘いにくいところがあるのでしょう。**もう少しゆっくりとした雰囲気を出すといいかもしれません。**

19・太陽
を選んだあなたは…

あなたは目立たないようにしていても目立ってしまうところがあり、**とても、影響力や存在感、人気がある人でしょう。**そして表裏がないので、みんなは安心してあなたに思ったことを話すことができるようです。

RELATIONSHIP

5

学校や職場の人間関係がいつもうまくいかないのはなぜ？

Let's try it!

このカードで占おう！

ワンドの
9

ワンドの
10

ソードの
5

ソードの
8

ペンタクルの
5

ペンタクルの
10

Result

結果

ワンドの9を選んだあなたは…

あなたは周りを気にしすぎるところがあり、人の気持ちもマイナスに想像して一喜一憂してしまいがち。しかし、あなたの想像は間違っている可能性が極めて高く、変に心配はいらないのです。あなたを嫌いな人もいませんから、**もっと気楽に話したり、違うと思ったらそれも率直に伝えましょう。**

ワンドの10を選んだあなたは…

あなたはなんでもひとりで抱え込むクセがあるようです。すると、心も体も容量オーバーとなり、周りへの不満が変に募ってしまうでしょう。**周りの人をもっと信用して、**積極的に手分けしたり、頼んだりしましょう。すると、あなたが思い込んでいた、人に対する価値観が大きく変わっていきます。

ソードの5を選んだあなたは…

あなたは悪気はないのですが、思ったことをそのまま伝えてしまうふしがあるようです。それに対して、**グサッと傷ついてしまう人は、あなたから離れるといった構図になっているようです。**どストレートではなく、もう少し、相手を思いやる言葉を最後に付け加えるなどの工夫をするとGOOD。

chame's One Point Advice

焦らずに少しずつ、自分を見つめて改善しましょう。

ソードの8を選んだあなたは…

あなたはいろんな人の気持ちがわかるため、四方八方からの考え方、感じ方を浴び、八方塞がりになりがちなのでしょう。**周りの意見は一旦置いておき、自分の感じていることを大切にしていきましょう。**あなたはあなたを生きることが一番、心身ともに健康になり、周りとも円満になるでしょう。

ペンタクルの5を選んだあなたは…

周りとのコミュニケーションが不足しています。当たり障りのない会話が繰り広げられ、あなた自身も本当のことを言うのを恐れているところがあるでしょう。どう思われてもいい！と覚悟を持って、**本当のコミュニケーションをし始めましょう。**それで人間関係は格段によくなります。

ペンタクルの10を選んだあなたは…

みんながみんなに合わせているといった、主体のない変な悪循環が起きています。本当のところはどうしたいのかということを、自分に問う必要があるようです。そして、**勇気を出してしっかりと意見を言えるようになりましょう。**そうすることで、あなただけでなく、周りのみんなも救われます。

RELATIONSHIP

6

家族（親、兄弟、子供）との付き合い方を教えて！

Let's try it!

このカードで占おう！

カップの
エース

カップの
2

カップの
4

カップの
6

カップの
7

カップの
8

Result

結果

カップのエースを選んだあなたは…

家族に対して、あ〜だこ〜だと抵抗するのをやめて、すべてをそのまま受け入れてみましょう。あなたがコントロールしてもしなくても、全く変わらないことがわかるでしょう。心も体も力を抜いていいんです。あなたがそうなることで、お互いに自然と分かり合えるようになっていくでしょう。

カップの2を選んだあなたは…

家族は偶然の巡り合わせであってあなたのものではありません。その人がどう感じ、どう行動するかは、あなたがそうであるように、本人の自由な領域です。**ひとりの尊重すべき人間として丁寧に接することが大事です。**また、あなたが自分自身を尊重することが、家族を尊重することにつながります。

カップの4を選んだあなたは…

家族がどうのこうのというよりも、あなたはまず自分の心と体を十分に休ませて、エネルギーをチャージする必要があります。あなた自身が安定することで、家族関係も自然と安定していくことになっているのです。満たされていない部分はありませんか？　まずはそれを満たすことをはじめましょう。

chame's One Point Advice

家族との付き合い方や距離感はそれぞれです。
結果を見て、あなたに適した方法に従って行動を。

カップの6を選んだあなたは…

家族といえども、距離を調整する必要があるようです。ギクシャクする場合、どちらかが相手の聖域に土足で踏み込んでいる可能性が。相手の人生を操作しようとしたり、されそうになることがうまくいかない原因でしょう。どんなことであっても、自分の人生の選択権はそのひと本人にあります。

カップの7を選んだあなたは…

本音をシェアし合うだけで、今よりも家族関係が良好になります。いくら近しい関係であっても、言葉で伝えないと伝わらないことが多くあります。また、家族や親戚は、会いたくなくても、会わなければいけないというのは思い込みなので、会いたくなければ会わなくて全然かまわないでしょう。

カップの8を選んだあなたは…

どこか家族のために犠牲になっている気がしていませんか？それは、あなたの心の問題であって、実は家族は全く関係ありません。**やりたいことがあるのなら、家族を信頼して、あなたの道を突き進んでいいんです。**もしも何か家族のせいにしていることがあったら、そこにヒントがあります。

RELATIONSHIP

7

毒親にもううんざり……
どうしたらいいですか？

Let's try it!

このカードで占おう！

0. 愚者

8. 力

13. 死神

14. 節制

16. 塔

21. 世界

Result

結果

0・愚者 を選んだあなたは…

もうそろそろ、**あなたを親から解放させてあげましょう。**親は親、あなたはあなたなのです。言うことを聞く必要も、面倒を見る義務もないのです。知らず知らずのうちに、親を気にしているということ自体が、あなたはあなたの自由を制限しています。**もう、完全に自分自身をまるごと許可してあげましょう。**

8・力 を選んだあなたは…

親または、親との関係をなんとかしようとしていませんか？**はっきり言って、何もしなくていいでしょう。**逆になんとかしようとすればするほど、逆効果になります。両手放しでいいでしょう。また、あなたのために言っているの！や、あなたがいないとダメなのよ！など**攻撃が来たときは、全力で逃げましょう。**

13・死神 を選んだあなたは…

1度、親との関係性を終わらせることで、新しい状態にシフトすることができます。一緒に住んでいる場合は、別々に住みましょう。まだ経済的に親に依存している場合は、計画的に自活の準備をしましょう。もしも、あなたが離れていくときに追いかけてきた場合は、強い意志で対応することが大事です。

chame's One Point Advice

もう我慢しなくて大丈夫！自分を一番大事にしましょう。

14・節制 を選んだあなたは…

少しずつ歩み寄れば、分かり合える日が来るでしょう。そのためにも、都度、これは嫌な気持ちになるとか、これはとても迷惑に感じるなど、**あなたがどう感じているかを報告していくといいでしょう。**親には心を言葉で伝えないと、まるで外国人との会話のように理解できないと思っておきましょう。

16・塔 を選んだあなたは…

あなたは、いまさらと思うかもしれませんが、反抗期が必要でしょう。**今まで、見せたことのないくらいの勢いで、溜まった感情をすべてぶつけましょう。**親は驚くでしょうが、今まで気づくことができなかった、あなたの深いところの闇を理解し、うまくいけば、謝ってくれる可能性も高いでしょう。

21・世界 を選んだあなたは…

あなたにとって、毒親との経験は必要不可欠だったようです。あなたはこの経験を通して、魂がすごく磨かれました。少々抵抗があるかもしれませんが、この経験そのものに対し、**嫌だった気持ちも含め、今は感謝に変わったことを、親に伝えてみましょう。**すべてがミラクルのように変化していくでしょう。

RELATIONSHIP

8

兄弟・姉妹と不仲……関係改善する方法は？

Let's try it!

このカードで占おう！

0. 愚者

5. 法王

9. 隠者

20. 最後の審判

Result

結果

0・愚者 を選んだあなたは…

あなたがギクシャクしている状態を**忘れることが1番の改善策でしょう。**あなたがそのことを意識すればするほど、その状況が濃厚になっていくのが宇宙の法則です。逆に言うと、その状況を堪能したければ、ずっとそれに執着して、意識し続けることが大事なんですね。**あなたは、あなたの人生に集中し、楽しく生きることに専念しましょう。**すると、あなたのパラレルワールドがどんどんシフトをして、すっかり忘れた頃に、向こうの方から謝ってきたり、あるいは、とてもいい人になっていたりと、**拍子抜けするような不思議なことが起こります。**

5・法王 を選んだあなたは…

思考パターンや価値観が全く違うため、2人だけで話をすると、感情的になってしまったり、逆に誤解が生じたりして、話が保留になったり、よりうまくいかなくなってしまいがちです。ですので、**お互いの気持ちを翻訳できるような、話がわかりやすい人に間に入ってもらうことで、この問題は解決に向かいます。**間に入る人は、ひとりでなくてもいいでしょう。裁判員裁判のように、何人も観客がいると、逆にお互いの気持ちを理解してくれる人が出てくるなど、面白くなってきて、**最後にはみんなで仲良く晩餐会をするなんてこともあるかもしれません。**

chame's One Point Advice

時を経ることで関係性も変わっていくことでしょう。

9. 隠者 を選んだあなたは…

時間はかかるかもしれませんが、**距離を置くことで自然と仲良くなっていくでしょう。**ちょっと前まで距離が近かったか、あるいは、今距離が近いかのどちらかで、心の衝突が起きやすい状態になっています。身内に限らずどんな人間関係も、距離が近すぎるとうまくいきませんし、すごく危険なこともあります。しかしながら、距離が遠くなると、ふとしたときに、そ～いえば今頃何をしているかな？と脳裏をよぎったりするものです。それくらいの、**たまに思い出すくらいの距離感が一番お互いにとって心地いい関係性を築くことができるでしょう。**

20. 最後の審判 を選んだあなたは…

誠意をもって素直に謝ることでこの関係は風向きが変わります。ちなみに、私は悪くないと思っていたとしたら、向こうもそう思っているのは確実です。もしかしたら**何を謝ったらいいのか見当もつかないかもしれません。それはそれで、それを正直に伝えて謝りましょう。**向こうは向こうで何か引っかかっていることがあるはずです。それを教えてもらって、理解を示しましょう。相手もずっとこの変な状態になっていることに嫌気が差しているはずですから、仲直りできることで、お互いの心に真の平和が訪れて幸せを感じることができるでしょう。

RELATIONSHIP

9

人間関係でストレスを溜めないポイントは?

Let's try it!

このカードで占おう！

カップの
2

カップの
4

カップの
5

カップの
8

Result

結果

カップの2を選んだあなたは…

あなたはたくさんの人とお付き合いをする必要はありません。**少数精鋭でＯＫです。好きな人だけとお付き合いをしましょう。**何人かで会う場合は、あらかじめ誰が来るかを聞いておき、参加するかどうかを決めるといいでしょう。そして、嘘も方便ですので、断りの入れ方も真面目になる必要はないでしょう。今までは、気が合っていたけれど、合わなくなってきた場合も同様です。**今、あなたが会いたいかどうかが大事でしょう。**もしも、誰かとビジネスをする場合は、一緒に旅行に行ってもＯＫかどうかで判断するといいかもしれません。

カップの4を選んだあなたは…

あなたが人間関係でストレスを溜めないようにするには、しっかりと休むことがポイントです。**睡眠時間を十分に確保するだけでなく、睡眠の質を上げることを大切にしましょう。**また、あなたが精神的にゆっくりできる人や場所を知っておくことも大事です。この人といると安心する、リラックスできるという人はいませんか？**その人は、一緒にいるだけで、あなたのエネルギーを回復に導いてくれる素質があるでしょう。**また、自然の中を散歩したり、とてもいい香りに包まれながらアロマトリートメントをしてもらうのも効果絶大でしょう。

chame's One Point Advice

カードが教えるストレス解消方法で、心軽やかに♪

カップの5を選んだあなたは…

あなたは、**心のうちを誰かに打ち明けるだけで、心の重荷が軽くなっていきます。**嫌なことを語っているうちは、それに浸りきって、そして思い出すことになり、さらに心が苦しくなることもあるかもしれません。しかしながら、じっくりと振り返ることで、それに対して思い出すことが減っていくでしょう。すると、不思議なことに、今までは一部分に囚われていたせいか、全く視界に入ってこなかった明るい道が見えてくるようになります。また、要領のいい人付き合いの方法が見つかったり、気の合う人を発見したりすることになるでしょう。

カップの8を選んだあなたは…

あなたは、**自分だけの時間を作ったり、孤独を楽しむことで、人間関係のストレスがだいぶ軽減されていきます。**みんなと一緒の方が楽しいとか、寂しくないとか、安心できる！などという思い込みに囚われがちですがそれは幻でしょう。一緒にいて、そんなに楽しくない人や、あまり気の合わない人とつるんだところで、時間が取られるだけでなく、ストレスが溜まるだけでしょう。**その無駄に過ごしてしまう時間を、あなたの好きなことに費やしてみましょう。**カフェに行く、読書、ひとり旅、趣味、散歩、美術館巡りなど探せばたくさん見えてきます。

FAQ 5

chame'sレクチャー

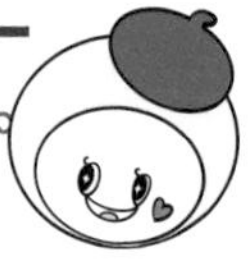

≪実践編≫

Q
タロットカードの収納方法を教えて！

トランプカードと同じように、
どんな収納方法でも
問題ありません。
私はタロットカードを
たくさん持っていて、
扉付きのキャビネットに
収納しています。

Q
カードに汚れや折れ曲がりができてしまったらどうしたらいい？

タロットカードは紙でできて
いるので、使うほどに摩耗して
傷んでしまいますね。
汚れたり折れ曲がったりした場合は、
デッキ（一揃いのセット）ごと
新調するのがいいでしょう。

Q
使い古したタロットカードはゴミとして捨てても平気？

使い古してボロボロに
なってしまったカードは、
普通にゴミ箱に捨てても
問題ありません。
その際、
カードにお礼を言うと
いいでしょう。

Q
タロットカードは持ち運びしても大丈夫？

持ち運びしても問題ありません。
ポーチに入れたり、
巾着袋に入れたり、
ハンカチに包んだりして
持ち歩いている人が多いでしょう。
私の場合は、大アルカナだけを
サクッとそのまま
カバンの中に入れて
持ち歩いています。

Chapter 5

—LIFE&FUTURE—

◆第5章

自分を変える

—未来に向けて—

LIFE & FUTURE

1

自分を変えたい！
私は今、何をすべき？

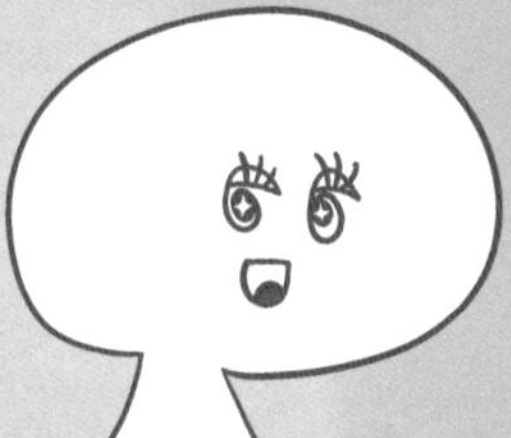

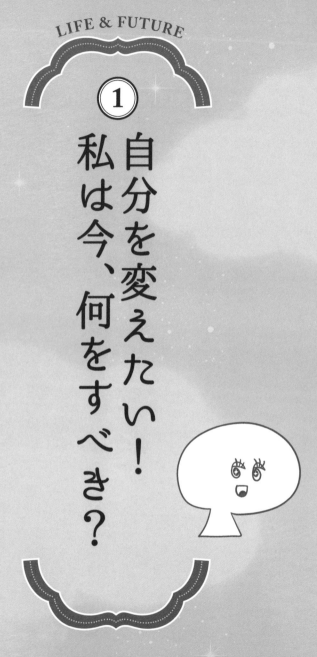

Let's try it!

このカードで占おう！

1.魔術師

6.恋人

7.戦車

13.死神

16.塔

17.星

Result

結果

1.魔術師

を選んだあなたは…

なんでもいいからスタートさせてみましょう。怖がる必要はありません。スタートさせてからいくらでも変更していくことができます。また、気になるセミナーや勉強会なども参加してみましょう。**気になるということは、あなたに何かしら必要な出会いや情報、経験が待っているということなのです。**

6.恋人

を選んだあなたは…

あなたの人生の変化は、いろんな人と接していく中でやってきます。ですので、面白そうなイベントやコミュニティーに参加してみましょう。**楽しそうな人や素敵な人を見つけたら、すかさず話をしてみましょう。**その人の考え方や感じ方、世界観などを知ることであなたは感化されていくでしょう。

7.戦車

を選んだあなたは…

旅行をしたり、引っ越しをすることで、大きく人生が変わっていきます。旅行は、今まで行ったことのない地域や国など、できるだけ遠くに行くといいでしょう。引っ越しは、今住んでいるところよりも、住みやすさや広さなど、ちょっとレベルアップさせることで、素敵な運を引き寄せることができます。

chame's One Point Advice

占い結果を信じて、勇気を出して「初めの一歩」を！

13・死神を選んだあなたは…

やめたいのにやめられていないことや、別れたいのに別れられないなんてことはありませんか？　このままだと、あなたはあなたの人生ではなく、人の人生を生きることになってしまいます。**あなたの本音と実際の状況が異なる場合は、意見を言ったり、見直すなどして、本音に沿って生きるようにしましょう。**

16・塔を選んだあなたは…

あなたの枠や制限を超えることで、人生を変えることができます。それは簡単なことからで大丈夫でしょう。いつもなら絶対に行かないお店に入ってみたり、ひとりでＢＡＲで飲んでみたり、躊躇してしまうものを思い切って買ってみたり、気になる人に自分からご飯に誘ってみたりなど。

17・星を選んだあなたは…

もっとあなた自身をさらけ出すことで、面白いくらいに人生を大きく変えることができます。あなたはいつも、自分を少々オブラートに包んでいるところがあるようです。誰かと話をするときも、ある意味、一緒に温泉に入っているように、**素っ裸になって、自分をどんどん開示していきましょう。**

LIFE & FUTURE

2

これからの私の未来はどうなる？

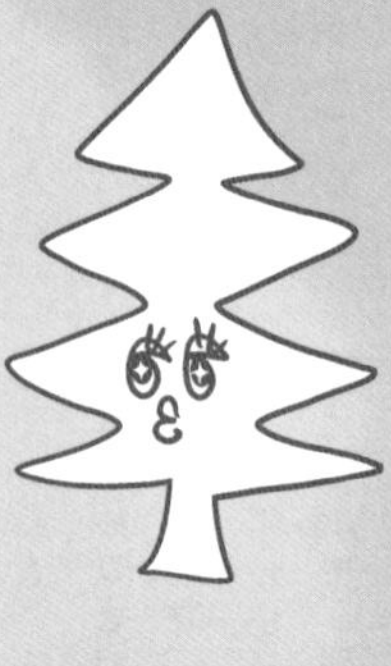

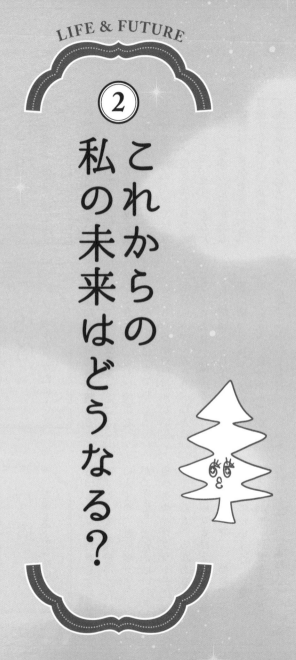

Let's try it!

このカードで占おう！

4. 皇帝

7. 戦車

10. 運命の輪

13. 死神

14. 節制

15. 悪魔

Result

結果

4・皇帝
を選んだあなたは…

あなたの未来は順風満帆で、**仕事お金、人間関係、そして、健康などもちょっとやそっとのことでは揺るがない安定感があります。**今世は1度きりですから、少しはめを外してみたり、思い切った挑戦をしてみてもいいかもしれません。どうせ大丈夫ですから、安心していろいろ取り組んでみましょう。

7・戦車
を選んだあなたは…

あなたは思っているだけでなく、**実際にちゃんと行動していくことで、周りの人よりも早めに、理想通りの人生を勝ち取っていくことができるでしょう。**しかし、うまくいけばいくほど、天狗になりがちなところがあります。天狗になると、変な罠に引っかかりやすいのでそれだけは注意しましょう。

10・運命の輪
を選んだあなたは…

おめでとうございます。運命はあなたの味方になってくれているようです。そして、**あなたは未来に大チャンスが待っています。**こちらから掴みに行かなくとも、起きた出来事に変に執着したり抵抗せず、運命の流れに従っていれば、あなたは勝手に、どんどんいい方向に運ばれていく感じになります。

chame's One Point Advice

もしも今がとても辛くても、未来は必ず大丈夫です。

13.死神を選んだあなたは…

未来のあなたは、今のあなたには想像できないくらいに、変わっているでしょう。変化のたびに、選択を迫られたり、少しびっくりしたり、ストレスが生じたりすることがあるかもしれませんが、それも運命の通過儀礼でしょう。**人よりも断然面白い人生を経験できますから楽しみに待っていてください。**

14.節制を選んだあなたは…

あなたに必要な人やモノ、コトがお膳立てされているかのように、あなたの前に登場してきます。さらに、あなたの考え方や波動が素敵にレベルアップすればするほど、出会うすべてのこともレベルアップしていくので、それはとても楽しく心地がいいでしょう。**あなたには素敵な未来が約束されています。**

15.悪魔を選んだあなたは…

人生の罠が待ち構えているかもしれません。それはミツバチが甘い花の蜜に吸い寄せられていくように引き寄せられていくでしょう。最初は楽しいのですが、気がつくと抜け出せなくなっていたりします。けれど、強い意志があればいつでも脱出可能です。**罠に早めに気づくことがポイントになります。**

LIFE & FUTURE

3

人生の大転換期は何年後？

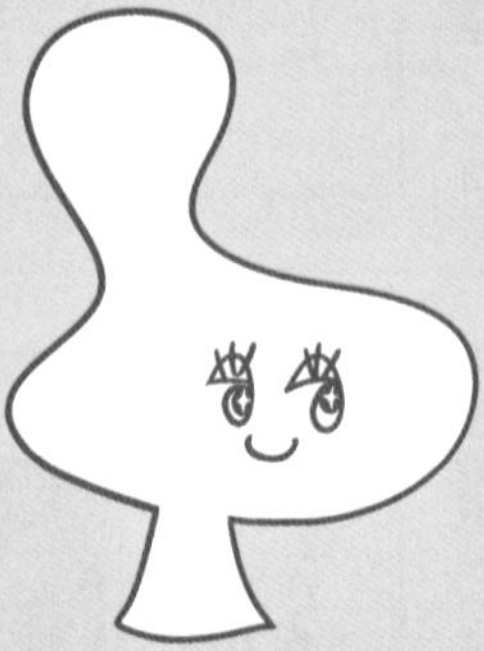

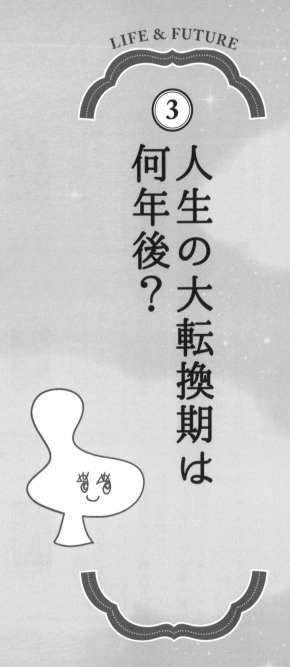

Let's try it!

このカードで占おう！

0.
愚者

1.
魔術師

2.
女教皇

3.
女帝

4.
皇帝

5.
法王

6.
恋人

7.
戦車

Result

結果

0. 愚者

を選んだあなたは…

人生の転機は1年以内に訪れるでしょう。思いもよらない話が舞い込んだり、あなたの中から面白いアイディアが浮かんだり、あまり意識していなかったのに、気がついたら、大きく人生が変わっていたということも。

2. 女教皇

を選んだあなたは…

あなたの人生の転機は2年後くらいに訪れるでしょう。あなたの新しい居場所が見つかったり、才能が大きく開花したりと、面白いことが次々に起こってくるので、転機が起こる前兆のようなことも楽しめそうです。

1. 魔術師

を選んだあなたは…

あなたの人生の転機は1年後くらいに訪れるでしょう。あなたの中のいろいろな準備が整ってきたり、なかなかスタートできなかったことを始めることができたりと新しい世界を体験していくことになりそうです。

3. 女帝

を選んだあなたは…

あなたの人生の転機は3年後くらいに訪れるでしょう。今よりもとてもいい環境や、物質に恵まれて、心からの満足ができているでしょう。生きていてよかった！と感想を言っているあなたがイメージできます。

転機のときを楽しみに「今を生きる」のが大事です。

4. 皇帝 を選んだあなたは…

あなたの人生の転機は4年後くらいに訪れるでしょう。えっ4年も先!? と思うかもしれませんが、あっという間に4年は経っていきます。あなたはいろいろ整って安心して好きなことができる状態になっています。

5. 法王 を選んだあなたは…

あなたの人生の転機は5年後くらいに訪れるでしょう。いろんなことが形になったり決まったりしていきます。あなたが今思い描く理想の状態よりも、もっといい状態が待っているようです。仲間にも恵まれるでしょう。

6. 恋人 を選んだあなたは…

あなたの人生の転機は6年後くらいに訪れるでしょう。毎日が楽しくってしょうがないといった雰囲気を味わっていそうです。あまり肩に力を入れることなく、好きなことをして、気楽な感じで生きているでしょう。

7. 戦車 を選んだあなたは…

あなたの人生の転機は7年～10年後くらいに訪れるでしょう。かなり先ではありますが、この時期に動き出す、最強の運命の電車があり、あなたの指定席が確実に用意されています。発車を楽しみにしていましょう。

LIFE & FUTURE

④

ポジティブに生きるための
アドバイスが欲しい！

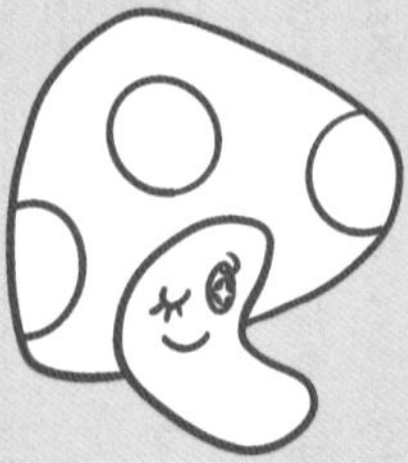

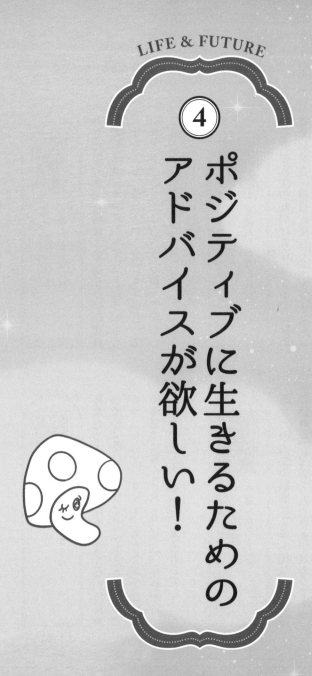

Let's try it!

このカードで占おう！

0.愚者

8.力

18.月

19.星

Result

結果

0・愚者

を選んだあなたは…

あなたは物事を少々深刻に捉えるところがあるようです。しかし、全体的に見れば、それはどうでもいいことかもしれません。**いちいち目の前のことに入り込むのではなく、どっちでもＯＫスタイルで生きましょう**。あなたはテキトーなくらいが逆にちょうどいいかもしれません。誰かに面白くないことを言われたとしても、真正面から受けるのではなく、スルッと右から左へ流してしまいましょう。あなたをマウントしたり、変なことを言う場合は、実はあなたには関係なく、その人の満たされなさや劣等感など心の問題からきているのです。

8・力

を選んだあなたは…

あなたがいつもぐるぐると考えてしまうことは、あなたがコントロール可能なことなのか、あるいは、不可能なことなのかを見極めることが大事でしょう。あなたが動いてなんとかなることは、考えている生命時間がもったいないので、すぐさま動くといいでしょう。そして、人の心を変えるとか、何かの結果とか……**あなたが動いてもなんともならないことであれば、それはあなたの役目ではありませんから、宇宙にお任せしてしまっていいのです**。そうして、あなたの中のボールをパスして、あなたの中には何もない状態にしておきましょう。

日光を浴びたり、散歩などリズム運動をすることで
幸せホルモン・セロトニンが増えるので試してみて。

18・月を選んだあなたは…

ついついマイナスの感情が出てきたら、1時間でも2時間でもいいので、それに時間制限をつけるといいでしょう。逆に言うと、その間は、感情に蓋をせず、集中していくらでも感じて浸りきってＯＫなのです。その時間はじっくりそれに取り組まないといけないので、感じることに飽きてきたり、バカバカしく思えてくることもあるかもしれません。また、大体感じきったなと思ったら、次の過程に進みましょう。どうしたらいいのかを建設的に考えて、行動に移していきましょう。実際に動くことで、視野が手探りから明白な状態に切り替わります。

19・星を選んだあなたは…

小さい目標をクリアしていきましょう。**目標をクリアするたびに、あなたの気持ちが明るくなっていきます。**目標と言っても、今日のやることリスト的なもので十分です。散歩に行く、掃除をする、ランチをする、友達に会うなど、ＴＯＤＯリストを作って、終わったらチェックをしていく感じです。もちろん、クリアできなくてもそれはそれでＯＫなんです。何もできないわたし！(泣)などと、悲劇に思わないようにしましょう。予定はどんどん変更ａｎｄ刷新をしましょう。**ゆるく楽しく遊んでいる感じで取り組むことがポイントになります。**

LIFE & FUTURE

5

理想の自分に近づくために何をすべき？

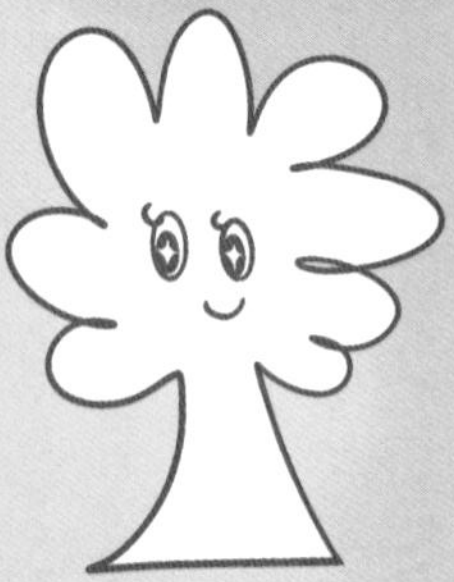

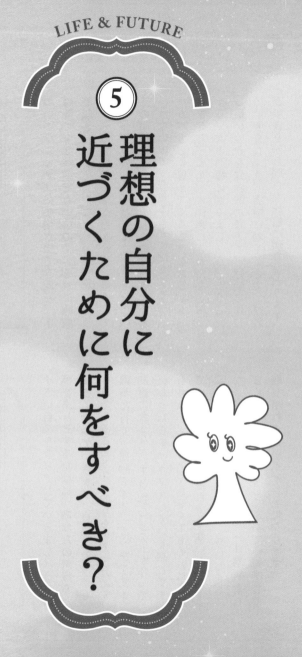

Let's try it!

このカードで占おう！

ワンドの
ペイジ

ワンドの
ナイト

ワンドの
クイーン

ワンドの
キング

Result

結果

ワンドのペイジを選んだあなたは…

単純にワクワクすることに進んでいけば、あなたの最良の道が用意されます。ですので、大きな決断であっても、日毎の小さな決断であっても、いちいち、**どっちの方がワクワクするのかということを大切にしていくといいでしょう**。逆に言うと、ワクワクしないことは、あなたの道ではなく、誰かの道ということになります。どちらもワクワクしない場合は、どちらも違うということになりますし、今は選択するタイミングではないというお知らせのときもあります。そして、**人生の主導権はあなたにありますから、誰かに選んでもらわないように**。

ワンドのナイトを選んだあなたは…

ノリと勢いがあなたを理想の自分に導いてくれます。どうにもこうにも振動数が上がってしまって、いてもたってもいられないことってありませんか？　それは紛れもなく、宇宙からの応援メッセージです。あなたは宇宙からの連絡を、心よりも体の方が先にキャッチしますから、考える前に動いてしまったり、**動きたくて仕方がなくなっているときは、その勢いのままに進めてOKでしょう**。スピード感あふれる展開や人生の快進撃状態に突入できたりと、すごい追い風に乗ることができるでしょう。そして、その追い風はしばらく吹き続けます。

占い結果に抗わなければ理想の自分になれるでしょう。

ワンドのクイーンを選んだあなたは…

あなたが理想の自分に近づくために、まず、**素敵だなと思う人を見つけることから始めるといいでしょう。**こんな人になりたいなど、憧れの人はいませんか？そして、**その人のやっていること、または着ているものなど、なんでもいいので取り入れてみるといいでしょう。**例えば、好きなモデルさんがいるならば、その人が着ている服と同じ服を着てみるのもいいでしょう。ショップに行って試着すれば簡単にできます。そして身につけたときの感覚を体感として覚えていくのです。少しずつですが、**あなたが理想とする波動に調整されていくでしょう。**

ワンドのキングを選んだあなたは…

あなたが理想の自分に近づくためには、**理想の自分ってどんな感じなのかを明確に認識することが大事でしょう。**漠然としたままでは、近づこうにも近づけないからです。**理想の自分という状態を、どんどんノートに書いていきましょう。**最初は、こんなふうになるなんて無理！という感情が出てくるかもしれません。しかし、あなたのすべての願いが叶うならば何を書きますか？という感じで、なんでも書きましょう。また、**何度も何度も書くことで、あなたの宇宙に理想の状態がインプットされて、それが現実化しやすくなっていくのです。**

LIFE & FUTURE

6

人生好転のサインは？

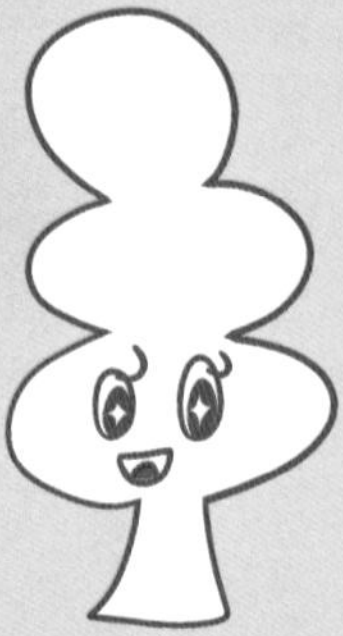

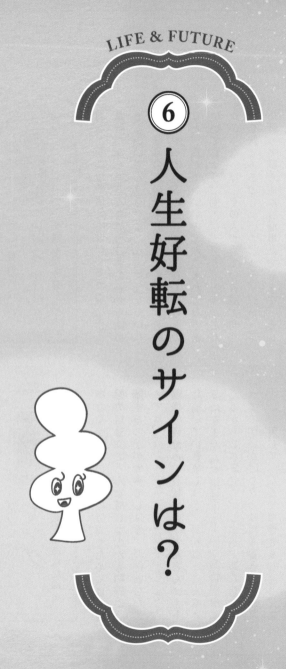

Let's try it!

このカードで占おう！

6. 恋人

7. 戦車

13. 死神

16. 塔

Result

結果

6・恋人 を選んだあなたは…

あなたの人生の好転のサインは、とあるキーマンとの出会いです。あなたから探しに行かなくとも、自然の流れで出会うことになっています。その人は、あなたにこれといった見返りを求めることもなく、仕事や人を紹介してくれたり、あなたにとって得する情報を教えてくれたりするでしょう。そのとき、あなたは、なんていい人！と思ったりするでしょう。面白いことに、ある程度、あなたの身支度が整って、人生が好転していくと、その人とのご縁は徐々に薄くなっていきます。まるで、**あなたの人生で登場することがお約束になっていた感じでしょう。**

7・戦車 を選んだあなたは…

あなたの人生の好転のサインは、異動することになったり、引っ越しをすることになるという、わかりやすい現象です。お洋服はあなたが大きくなれば、着られなくなりますよね。それと同じ感じです。あなたの幸運指数が上がってくると、それに見合った場所が自動的に用意されるようになっています。ちなみに、より、あなたの運が上がる環境であって、部屋の広さや家賃が高い方が上という訳でもありません。また、これは、家だけでなく、職場の環境が変わることもあります。どう出るかは、そのときになってからのお楽しみでしょう。

chame's One Point Advice

カードが教えてくれたサインを見逃さないよう注意！

13・死神 を選んだあなたは…

あなたの人生の好転のサインは、人間関係の入れ替えが行われるときです。新しい人間関係のつながりができたり、今までの人間関係に調整が入ったり、今までしっくりきていた友人としっくりこなくなったり、あるいは、職場で苦手な人が異動になるのも、その一環です。宇宙では、あなたの人間関係を切ったり繋いだり、調整をして接続し直したりと大変忙しい事態になっていることでしょう。ですので、すべては宇宙にお任せして、こういうときこそ、**来るもの拒まず、去るもの追わずでいいでしょう。あなたに必要な人はしっかりとつながります。**

16・塔 を選んだあなたは…

どうにもならいくらい大変なことこそが、あなたの人生の好転のサインでしょう。ですから、一見、かなりキツい状況に思えます。しかしながら、それは、こうでもしないと変わらないでしょ！という宇宙からの愛情表現なのです。事態の真っ只中は、まるで、洗濯機の中に入っているごとく、巻き込まれ感が半端無いですが、**終わるとすべてが浄化されてピカピカになっている感じです。**いらないものは削ぎ落とされて、方向性がハッキリとし、価値観が一新されて、まるで別人みたいになることもあるでしょう。そしてあなたの次元は上昇します。

LIFE & FUTURE

7

10年後の私から、今の私へのメッセージは？

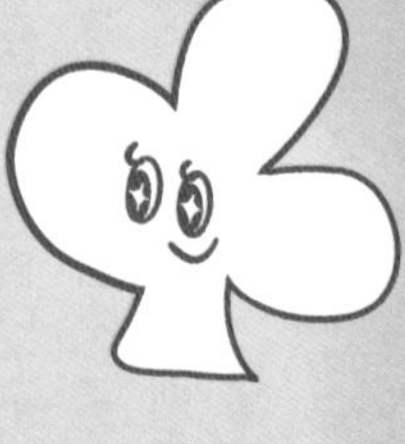

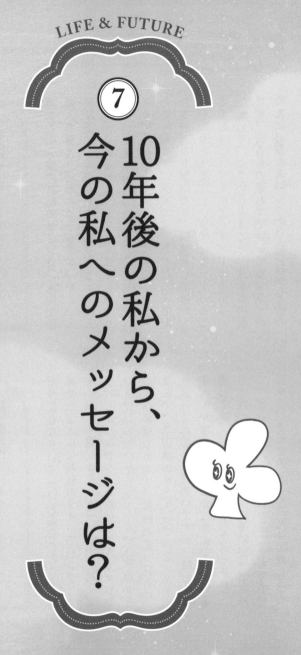

Let's try it!

このカードで占おう！

1.魔術師

9.隠者

13.死神

21.世界

Result

結果

1.魔術師

を選んだあなたは…

10年後のあなたは今のあなたに、種まきをして欲しいとのことです。あなたが今ピンとくる何かをスタートさせることで、10年後のみならず、そのプロセスでも、大きくて美味しい実がなるようです。ですので、たとえ今、自信がなかったり、準備ができていなくても、とりあえず一歩進めてみましょう。**この勇気ある一歩を踏み出すか出さないかで、人生は大きく変わっていきます。**ちなみに、種まきは一種類ではなくても大丈夫とのことです。**何種類でも、思いついたら、次々と種まきをしていきましょう。**いろんな果実を楽しめることでしょう。

9.隠者

を選んだあなたは…

10年後のあなたは今のあなたに、孤独の向こうに明るい光があると言っています。好きなことに没頭したり、研究をしたりして、自分と向き合う時間を大切にしてください。**こもって何かをすることが、人生のワインが美味しく熟成されていく過程になるのです。**それが10年後のあなたの土台になり、高級ですごいワインとなっていくでしょう。ですので、今のあなたにとても感謝をすることになります。また、すぐに結果が出ないからと諦める必要はありません。**あなたの人生の曲線はなだらかではありますが、じわじわと上昇していきます。**

chame's One Point Advice

10年後のあなたからのメッセージをしっかり頭に入れて日々を過ごしていきましょう。必ず未来は明るいです！

13・死神を選んだあなたは…

10年後のあなたは今のあなたに、すべては良くなるための変化だと言っています。あなたは、何かしら変化が起こるたびに、心がギュッとなったり、既存の方にしがみついたりしていませんか？これは、実は、10年後のあなたから見たら、すべて良くなるための変化のようです。ですので、**変化が起きるたびに、喜んで、抵抗せずに快く受け入れましょう。**逆にいうと、宇宙は、変化が受け入れられない人には、変化を起こしません。変化はチャンスであり、受け入れられる人、そして、それをプレゼントに変えられる人の元にやってくるのです。

21・世界を選んだあなたは…

10年後のあなたは今のあなたに、すべては順調に進んでいます！と言っています。これを聞いたあなたは、え？と思うかもしれませんが、本当にそうなのです。あなたは、ばっちり宇宙の計画通りに人生が進んでいるのです。そして、あなたが生まれる前に設定してきた、ゲームのような扉が4つ用意されていて、これから順番にその扉が解錠されていくそうです。それらは、**一見困難に感じるみたいですが、よく考えるとそうではなく、それを通して、素敵なご縁につながったり、豊かさの道が現れたりと、思いもよらぬ幸運に導かれるようです。**

FAQ ❻

chame's レクチャー

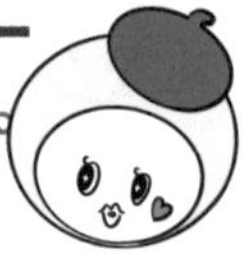

≪実践編≫

Q
タロット占いをする際に注意することはある?

いい結果が出るように念じたりせず、無心にシャッフルすることが大事です。

Q
毎日占う場合は、毎日同じ時間がいいですか?

同じ時間でなくても大丈夫です。

Q
友達やパートナーのこともこの本で占っても大丈夫?

大丈夫です。

Q
タロット占いは1日何回までやっていいの?

何回でも大丈夫です。
ただ、同じ質問をする場合は、混乱するので、しばらくたってからの方がいいでしょう。

今日はどんな1日?

~what kind of day will it be today?~

毎朝タロット

今日がちょっとでも
いい1日になりますように……!
出かける前にサクッと占って、
カードからヒントを得ましょう。

◆占い方

❶78枚全部のカードを、トランプをきる要領でしっかりシャッフル。

❷直感で1枚だけ選ぶ。

←結果は次ページから!

〜今日はどんな1日？〜

Result

《 結果 》

1

0.愚者

を選んだあなたは…

気楽な気持ちが
大事！

1.魔術師

を選んだあなたは…

新しくスタートを
きると◎

2.女教皇

を選んだあなたは…

ちゃんとやれば
大丈夫です！

3.女帝

を選んだあなたは…

すごく嬉しいことが
ありそう

4.皇帝

を選んだあなたは…

絶対大丈夫！

5.法王

を選んだあなたは…

成立します！

6.恋人

を選んだあなたは…

良いご縁と
つながります

7.戦車

を選んだあなたは…

勝利の予感

8.力

を選んだあなたは…

抵抗するのではなく
受け入れると◎

9.隠者

を選んだあなたは…

自分の時間を
大切に…

10.運命の輪

を選んだあなたは…

チャンス到来

11.正義

を選んだあなたは…

バランスを考えましょう

19. 太陽

を選んだあなたは…

わ〜い！ わ〜い！
おめでとう！

20. 最後の審判

を選んだあなたは…

グレードアップする日
です！

21. 世界

を選んだあなたは…

すべてうまくいく！

ワンドのエース

を選んだあなたは…

面白いことが
始まります

ワンドの2

を選んだあなたは…

迷うことを楽しんでみて
ください

ワンドの3

を選んだあなたは…

協力し合うとうまく
いきます

ワンドの4

を選んだあなたは…

歓迎される1日に！

12. 吊るされた男

を選んだあなたは…

デトックスすると
いいでしょう

13. 死神

を選んだあなたは…

変える！ 手放す！
終わりにする日！

14. 節制

を選んだあなたは…

相性良好

15. 悪魔

を選んだあなたは…

誘惑に注意

16. 塔

を選んだあなたは…

ルールや枠を超えて
OKです

17. 星

を選んだあなたは…

願いが現実になる
可能性大

18. 月

を選んだあなたは…

実際に行動すること
で解決します

～今日はどんな1日？～

Result

《 結 果 》

2

ワンドの10
を選んだあなたは…

もっと周りを
頼りましょう

ワンドのペイジ
を選んだあなたは…

ワクワクしたら
GOGOGO！

ワンドのナイト
を選んだあなたは…

勢いに任せてOK

ワンドのクイーン
を選んだあなたは…

本音のあなたが
一番魅力的

ワンドのキング
を選んだあなたは…

どんなことも面白がり
ましょう

カップのエース
を選んだあなたは…

大満足の1日

カップの2
を選んだあなたは…

意気投合するでしょう

ワンドの5
を選んだあなたは…

気になるならやって
みましょう

ワンドの6
を選んだあなたは…

見た目が大事です！

ワンドの7
を選んだあなたは…

慌てずにやれば
うまくいきます

ワンドの8
を選んだあなたは…

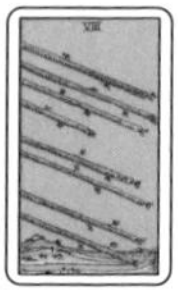

トントン拍子に
サクサク進みます！

ワンドの9
を選んだあなたは…

勇気ある一歩が
人生を変えます

カップの10
を選んだあなたは…

ハッピーエンド！

カップのペイジ
を選んだあなたは…

人に甘えてOKです

カップのナイト
を選んだあなたは…

素敵なお知らせが
来るでしょう

カップのクイーン
を選んだあなたは…

自分の世界を
とことん楽しんで！

カップのキング
を選んだあなたは…

すべてを許すと
解決します

ソードのエース
を選んだあなたは…

決断するのに◎の日

ソードの2
を選んだあなたは…

流れに身を任せて
おきましょう

カップの3
を選んだあなたは…

お祝いの準備を
しましょう

カップの4
を選んだあなたは…

あなたのペースで
OKです

カップの5
を選んだあなたは…

意外と大丈夫！

カップの6
を選んだあなたは…

シェアしましょう

カップの7
を選んだあなたは…

やることと、やらないこと
をハッキリさせましょう

カップの8
を選んだあなたは…

大切なことはとても
身近にあります

カップの9
を選んだあなたは…

願望成就！

～今日はどんな1日？～

Result

《 結 果 》

3

ソードの8
を選んだあなたは…

ちゃんと
直視しましょう

ソードの9
を選んだあなたは…

自分を癒やしましょう

ソードの10
を選んだあなたは…

時間が解決してくれる
でしょう

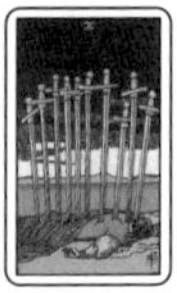

ソードのペイジ
を選んだあなたは…

情報収集をきちんと！

ソードのナイト
を選んだあなたは…

急展開の予感！

ソードのクイーン
を選んだあなたは…

ハッキリと伝えましょう

ソードのキング
を選んだあなたは…

覚悟を決めればうまく
いくでしょう

ソードの3
を選んだあなたは…

えいやー！が大事

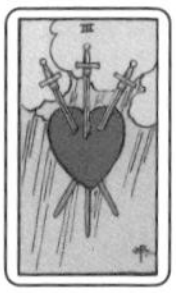

ソードの4
を選んだあなたは…

ちょっと休憩して
みましょう

ソードの5
を選んだあなたは…

言葉に注意！

ソードの6
を選んだあなたは…

解決に向かって
います

ソードの7
を選んだあなたは…

意外とうまくいく！

ペンタクルの8
を選んだあなたは…

ひとつずつ丁寧に
行いましょう

ペンタクルの9
を選んだあなたは…

花となり、実になる日
です

ペンタクルの10
を選んだあなたは…

人もお金も集まって
くるでしょう

ペンタクルのペイジ
を選んだあなたは…

灯台下暗し！

ペンタクルのナイト
を選んだあなたは…

着実に進化中です

ペンタクルのクイーン
を選んだあなたは…

環境に恵まれます

ペンタクルのキング
を選んだあなたは…

金運大満足！

ペンタクルのエース
を選んだあなたは…

手応えあり！

ペンタクルの2
を選んだあなたは…

両方試してみましょう

ペンタクルの3
を選んだあなたは…

あなたが楽しむと、
みんなも楽しめます

ペンタクルの4
を選んだあなたは…

手放すと開運

ペンタクルの5
を選んだあなたは…

コミュニケーションを
しっかりとりましょう

ペンタクルの6
を選んだあなたは…

先に与えると
得られます

ペンタクルの7
を選んだあなたは…

改良していきましょう

著者　キャメレオン竹田（きゃめれおん・たけだ）

文筆家、実業家、画家、絵本作家、（株）トウメイ人間製作所 代表取締役。日本テレビ番組「DayDay.」ゴゴ占い監修。著者累計88万部超。『カードの意味が一瞬でわかる！タロットキャラ図鑑』『ホロスコープを読むのが楽しくなる！ 占星術キャラ図鑑』（以上、ナツメ社）、『宇宙との直通電話 誕生日占い』『神さまとのおしゃべりBook』（以上、三笠書房）、『タロットで未来が開けちゃう！ 神のお告げ本』（大和書房）、『キャメレオン竹田のすごいタロットカード』『キャメレオン竹田のすごい神さまカード』『キャメレオン竹田のしあわせになる絵本』（以上、日本文芸社）など著書多数。

STAFF

編集協力	宮嵜節子
デザイン・DTP	岸麻里子
校正	株式会社オフィスバンズ
イラスト	キャメレオン竹田
編集担当	ナツメ出版企画株式会社（田丸智子）

本書に関するお問い合わせは、書名・発行日・該当ページを明記の上、下記のいずれかの方法にてお送りください。
電話でのお問い合わせはお受けしておりません。
・ナツメ社webサイトの問い合わせフォーム
https://www.natsume.co.jp/contact
・FAX（03-3291-1305）
・郵送（下記、ナツメ出版企画株式会社宛て）
なお、回答までに日にちをいただく場合があります。
正誤のお問い合わせ以外の書籍内容に関する解説・個別の相談は行っておりません。あらかじめご了承ください。

迷《まよ》ったときに答《こた》えをくれる！
キャメレオン竹田《たけだ》のタロットルーム

ナツメ社Webサイト
https://www.natsume.co.jp
書籍の最新情報（正誤情報を含む）はナツメ社Webサイトをご覧ください。

2024年 2 月 6 日　初版発行

著　者　キャメレオン竹田《たけだ》
発行者　田村正隆

発行所　株式会社ナツメ社
東京都千代田区神田神保町1-52　ナツメ社ビル1F（〒101-0051）
電話　03（3291）1257（代表）　FAX　03（3291）5761
振替　00130-1-58661
制　作　ナツメ出版企画株式会社
東京都千代田区神田神保町1-52　ナツメ社ビル3F（〒101-0051）
電話　03（3295）3921（代表）
印刷所　ラン印刷社

ISBN978-4-8163-7486-9
Printed in Japan

〈定価はカバーに表示してあります〉〈落丁・乱丁本はお取り替えします〉

別冊

切り取って自由に使える！

タロットカード

～キーワード付～

THE FOOL.

0.愚者

●ノリと直感で行動する
●自由でのびのびしている●何も考えていない

THE MAGICIAN.

1.魔術師

●新しくスタートする●専門分野を生かす●物事を素敵に表現する

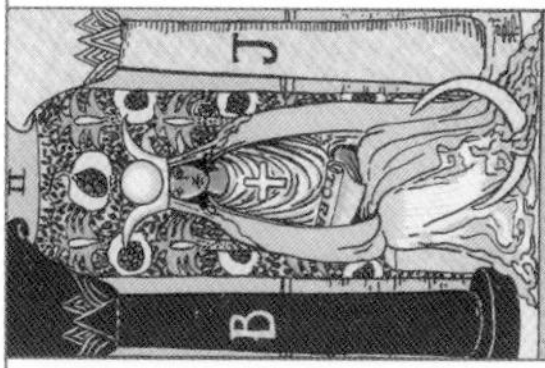

THE HIGH PRIESTESS.

2.女教皇

●規則正しい生活をする
●白黒はっきりさせる●直感力を発揮する

THE EMPRESS.

3.女帝

●美しい、かわいい、大好き
●さまざまなことを創造する
●幸せで満足している

THE EMPEROR.

4.皇帝

●とても安定感がある●何があっても揺るがない●リーダーシップを発揮する

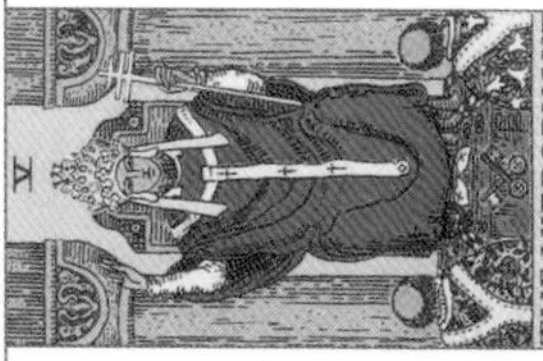

THE HIEROPHANT

5.法王

●契約成立 ●信頼関係を構築する●仲間と一緒に何かをする

THE LOVERS.

6.恋人

●良い選択●ときめいている
●遊んでいるように仕事をする

THE CHARIOT.

7.戦車

●スピードアップ●移動・旅行・引っ越し●自立・独立

STRENGTH.

8.力

●一筋縄でいかないことに手を焼く●あの手この手を使おうとする●苦手意識がある

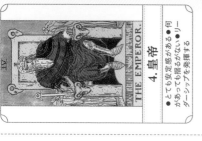

18.月

●取り越し苦労をする●妄想や幻想に浸る●芸術・スピリチュアル

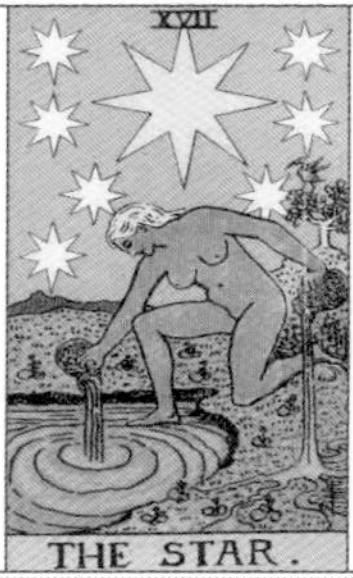

17.星

●アウトプットが大事●浄化●デトックス●希望は叶うが時間がかかる

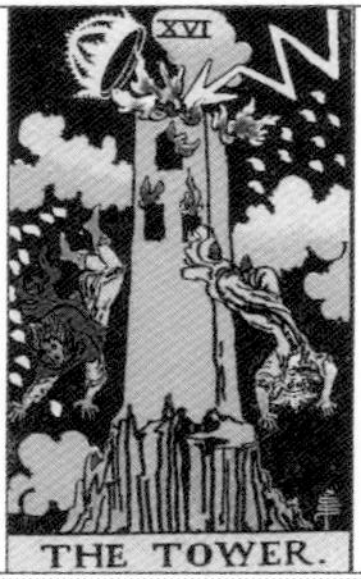

16.塔

●青天の霹靂《へきれき》●突然のことにびっくりする●殻をぶち破る

15.悪魔

●誘惑に負ける●ずぶずぶとハマる●欲望のままに生きる

14.節制

●混ぜ合わせて新しく生み出す●腹八分でやめる●相性がいい人や物事がわかる

13.死神

●終わらせる●手放す●変える

12.吊るされた男

●自己犠牲●イメージするが実際には動かない●あえて大変な状況に身を置く

11.正義

●物事を客観視する●感情に流されない●バランスをとる

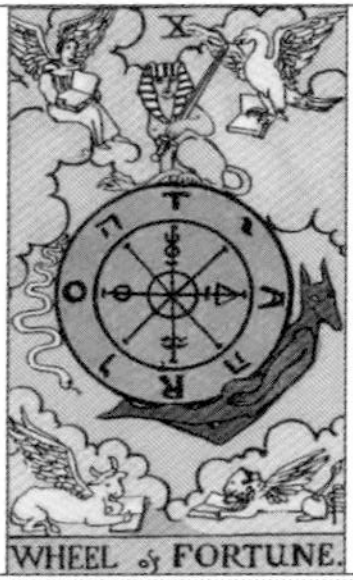

10.運命の輪

●チャンスを掴む●スムーズな展開●タイミングばっちり

9.隠者

●好きなことにハマる●内側にこもる●人とあまり交流しない

ワンドの7

●主導権は握っている●順番を決める●的を絞る●焦らず1つ1つ集中することが大事

ワンドの6

●周りよりちょっとうまくいっている●目立っている●勝っている●見せ方がうまい●見せ方が大事

ワンドの5

●忙しい●落ち着かない●元気で騒がしい●いろんなことに興味津々●コミュニケーションをとりたい

ワンドの4

●実りが多く喜んでいる●一緒にいて楽しい●明るく楽しい雰囲気●来るもの拒まず去るもの追わず

ワンドの3

●連携プレーでうまくいく●思い通りの展開●ポジティブに考えている●協力してもらおう

ワンドの2

●前向きに考えているがまだ動かない●勇気ある1歩を踏み出せない●意外なところに答えがある

ワンドのエース

●クリエイティブな能力●目標が決まる●新しい発見や出会い●ワクワクする●何かが始まる

21. 世界

●楽しくて我を忘れる●宇宙との一体化・ワンネス●何かが完成する

20. 最後の審判

●復活する●呼びかける●レベルアップする

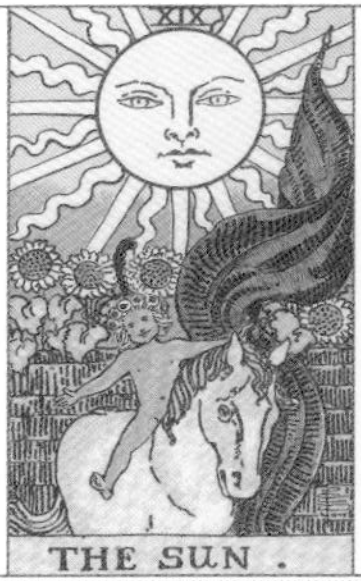

19. 太陽

●堂々と発表する●自己アピール●達成する

カップの3

●みんなでワイワイと楽しむ●調和●楽しい●嬉しい●うまくいって喜ぶ●楽しむことが大事

カップの2

●心が通じ合う●素敵な出会いの予感●好意を持っている●一緒にいて楽しい

カップのエース

●心から満足●相思相愛●嬉しい知らせ●感性や芸術性が豊か●心がときめくことが始まる

ワンドのキング

●明るくて面白い●自信に満ちている●リーダーシップ●チャレンジャー●頼りがいのある男性

ワンドのクイーン

●人を惹きつける魅力がある●元気で明るい女性●明るく活発な雰囲気

ワンドのナイト

●情熱的で勢いがある●興奮している●猪突猛進●存在感やアピール力がある●どんどん動く

ワンドのペイジ

●好奇心旺盛●若くて元気●チヤホヤされたい●新鮮で楽しい雰囲気

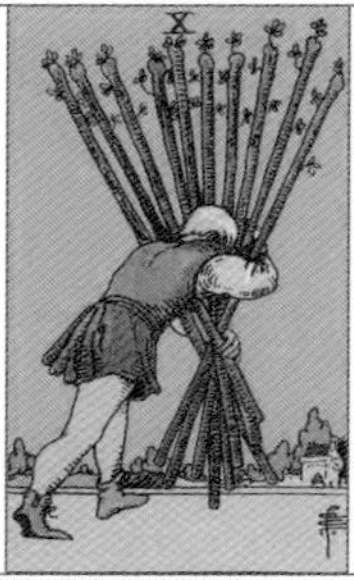

ワンドの10

●容量オーバー●全部やろうとして無理している●誰かに頼む●いくつかに分ける●減らしてみる

ワンドの9

●行動する勇気がない●あと1歩が踏み出せない●過去の失敗のせいで二の足を踏む●免疫力が高め

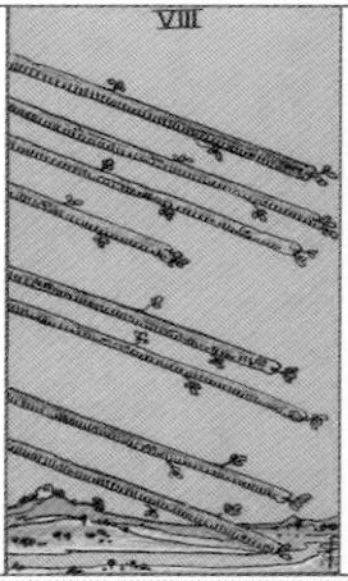

ワンドの8

●トントン拍子でスムーズな展開●遠くの場所や人との縁●行動力やスピードがある●ノリ気でワクワク

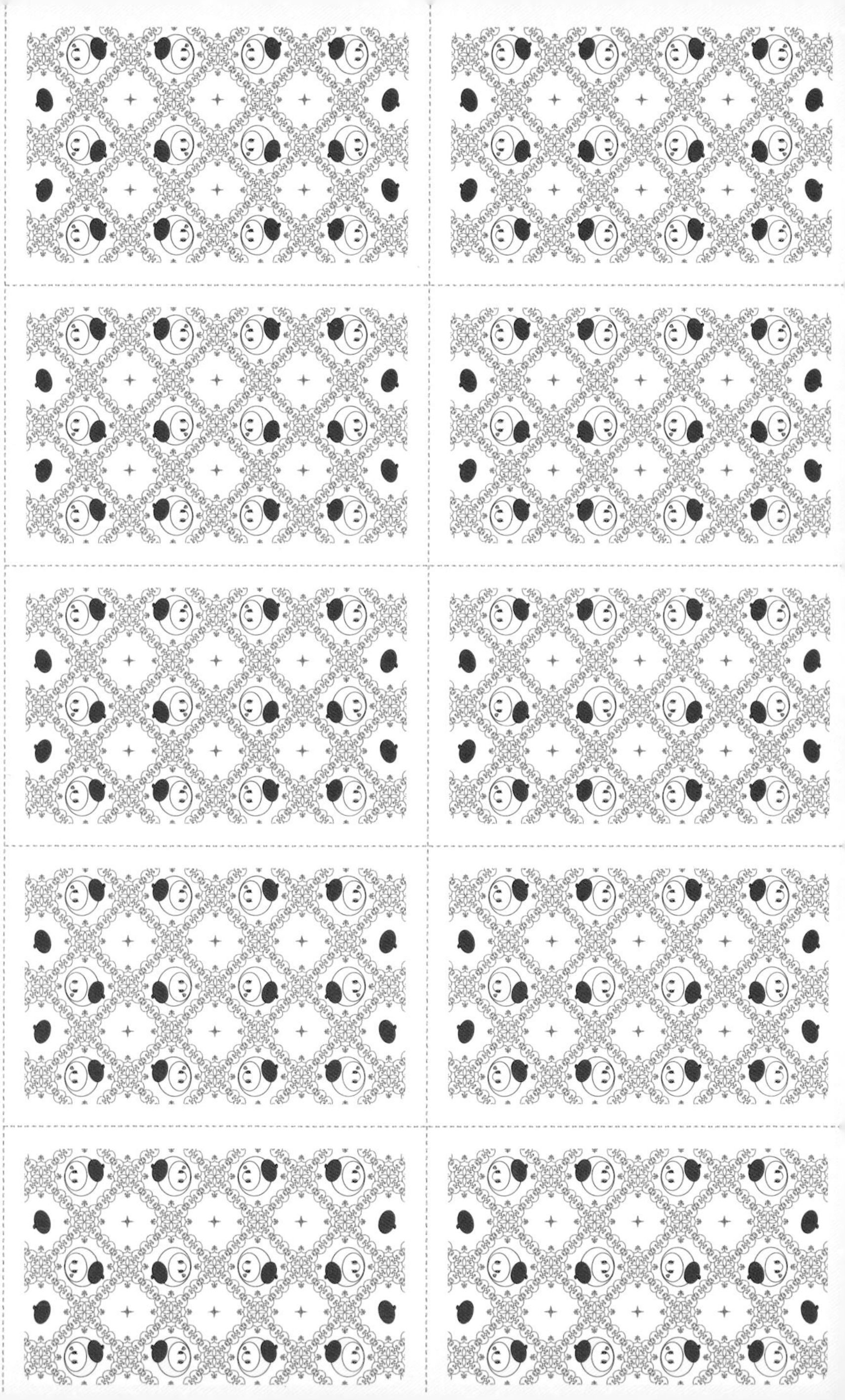

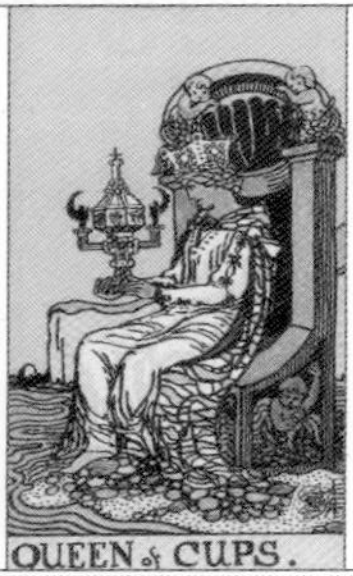

カップのクイーン

●美しくて癒やし系の女性●芸術・美的センスを活かせる●癒やされる環境

カップのナイト

●優しくて素敵な男性●好意を持っている●芸術的なセンス

カップのペイジ

●インスピレーションが湧く●感性が豊か●心が変わりやすい●甘えん坊●若くてかわいい

カップの10

●ハッピーエンド●幸せな状態が続く●ずっと一緒にいたい●今ある幸せを大切にしよう

カップの9

●希望が叶って嬉しい●願ったり叶ったり●とても良い精神状態●心に余裕ができる●満足

カップの8

●興味の対象が変わる●手に入れていないものが魅力的に見える●ひとりになりたいと思っている

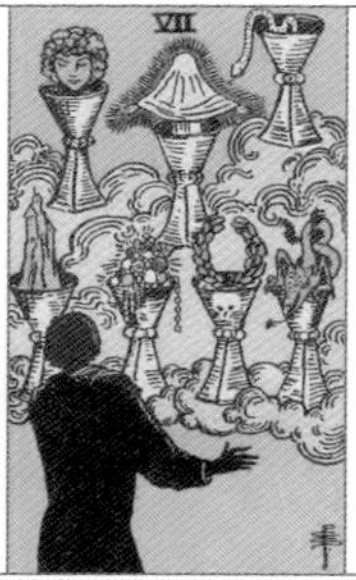

カップの7

●あれこれ夢ばかり見ている●具体的になっていない●具体的に行動しない●迷って決断できない

カップの6

●平和的で和気あいあい●一緒にいると安心する●幼なじみのような懐かしさ●友達以上恋人未満

カップの5

●落ち込んでいる●過去にばかりフォーカス●かわいそうな自分に浸っている●視野を広げよう

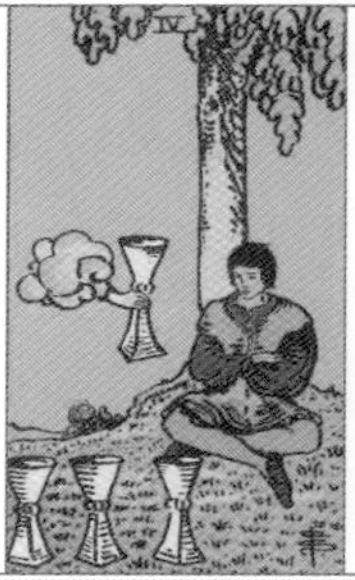

カップの4

●ちょっと疲れて休憩●自分の世界に浸っている●ゆっくり充電中●先に進まず心を整える

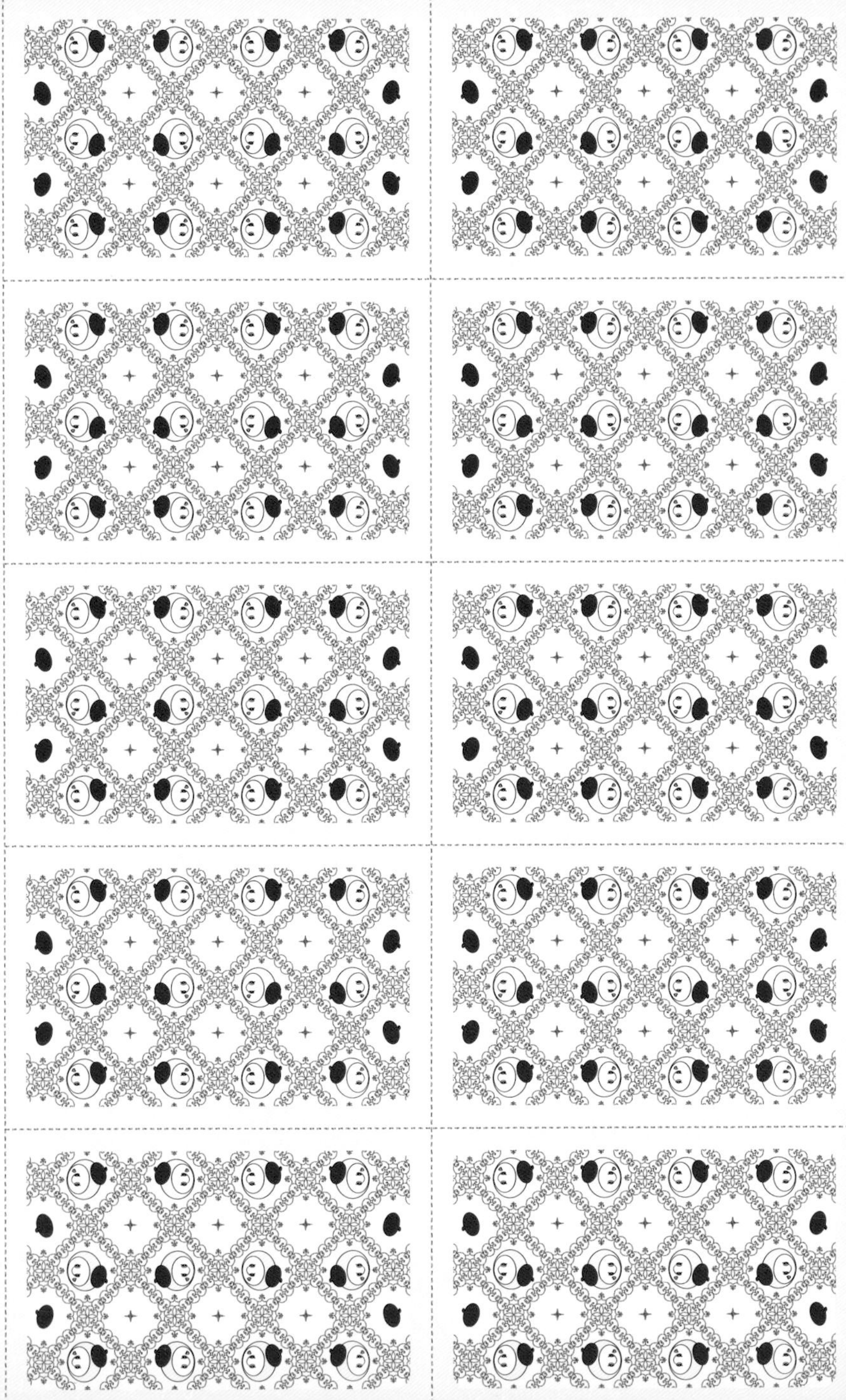

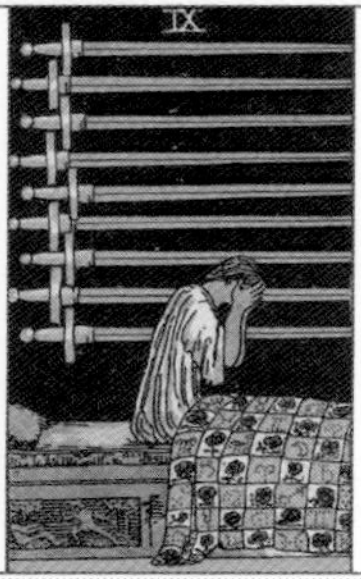

ソードの9

●考えすぎてゆううつになる●周りの意見や情報に惑わされすぎる●想像しているほど悪くない

ソードの8

●マイナスの思い込みで自分を苦しめる●自由に動けない状態●現状を見て見ぬふりをしている

ソードの7

●要領が良くいいとこ取りをする●策略を練っているが詰めが甘い●心の中で何かをたくらんでいる

ソードの6

●困難な状況が終わって次の段階へ進む●停滞していたことが動き出す●移動する●引っ越し●旅行

ソードの5

●自分の価値観に固執する●人をコントロールしようとする●自己中心的●略奪して勝った気になる

ソードの4

●のんびり休憩モード●保留にする●停止する●充電中●今は休んでタイミングを待つ

ソードの3

●本音を言われたり言ったりしてへこむ●不要なものを取り除く●分ける●切る●手術●削除する

ソードの2

●決断できない●現実を直視していない●冷静な心でいる●バランスを保っている●一旦休憩

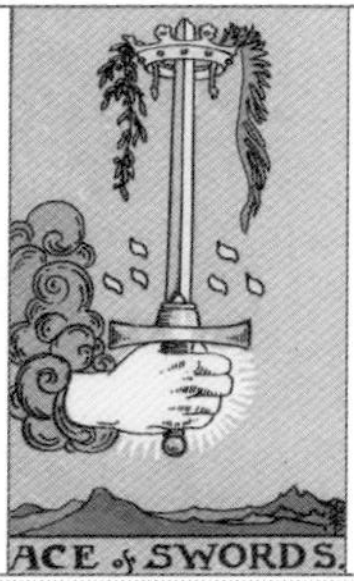

ソードのエース

●揺るがない精神力●心は決まっている●コミットする●説得力がある●最後までやり遂げよう

カップのキング

●優しくて頼りがいがある男性●すべてを受け入れてくれる男性●居心地がいい環境

ペンタクルの5

●無駄使い●お金の使い方が下手●見栄を張っているが現状はボロボロ●現状を把握できない

ペンタクルの4

●金銭的な安定●自分のものにしておきたい●所有欲の強さ●メリット重視

ペンタクルの3

●才能を生かす●計画通りに進む●報告・連絡・相談がスムーズ●お互いを高め合える

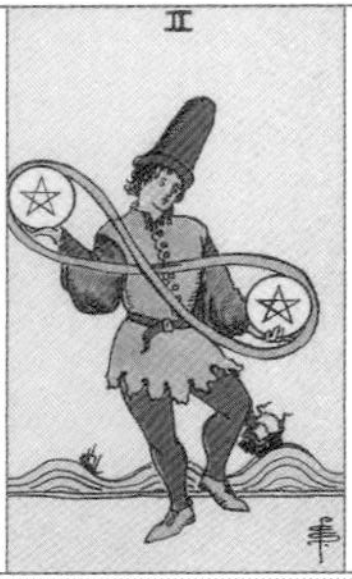

ペンタクルの2

●比べて迷っている●現状維持を楽しむ●うまくいっているように見えるがあまり発展性はない

ペンタクルのエース

●手応えあり●メリットあり●手に入る●経済的満足●仕事やお金に関するスタート

ソードのキング

●知的でクールな男性●リーダーシップを発揮●客観的かつ冷静に見ている●外科医●歯科医●手術

ソードのクイーン

●好き嫌いがはっきりしている●知的でクールな女性●仕事ができる女性●言いたいことは伝えよう

ソードのナイト

●目まぐるしい展開●決断や行動が速い●刺激的で面白い情報を求めている●スピード感がある

ソードのペイジ

●知的な刺激を求める●頭の回転が速くて情報処理能力が高い●若くて頭がキレる男性

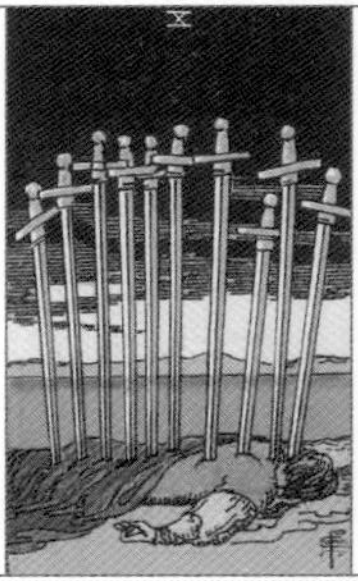

ソードの10

●苦しみや悲しみのどん底●挫折したり失敗したりして●とことん落ち込んでいる●極度の疲労

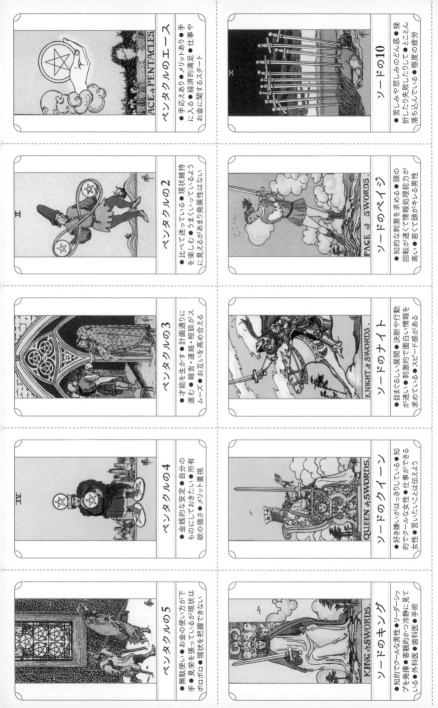

大丈夫！
全部うまくいく

お財布に入れて持ち歩こう！

ペンタクルのキング

●着実に形にする●手に入れる●お金持ちの男性●経済的満足●素敵な環境

ペンタクルのクイーン

●環境や物質に恵まれている●居場所が見つかる●母性的で優しい女性●面倒見がいい●手先が器用

ペンタクルのナイト

●スローだけど着実に前進中
●責任感があって信頼できる
●刺激は少ないが安定感がある

ペンタクルのペイジ

●役立つ情報を手にする
●真面目で優等生●良い環境に恵まれる

ペンタクルの10

●豊かに栄える●経済的満足●物質的満足●金運の安定や向上
●環境に恵まれる●協力者が多い

ペンタクルの9

●種が花となり実となる●物質的な満足●収穫のとき●育てるのが上手●優雅な雰囲気

ペンタクルの8

●コツコツと丁寧に取り組む
●誠実で真面目な雰囲気●着実に進歩している●職人モード

ペンタクルの7

●思い描いていたものとは違う結果になる●今のままではうまくいかない●何かがズレている

ペンタクルの6

●先に与えると見返りあり●役割分担●バランスがとれている
●客観的かつ合理的に判断

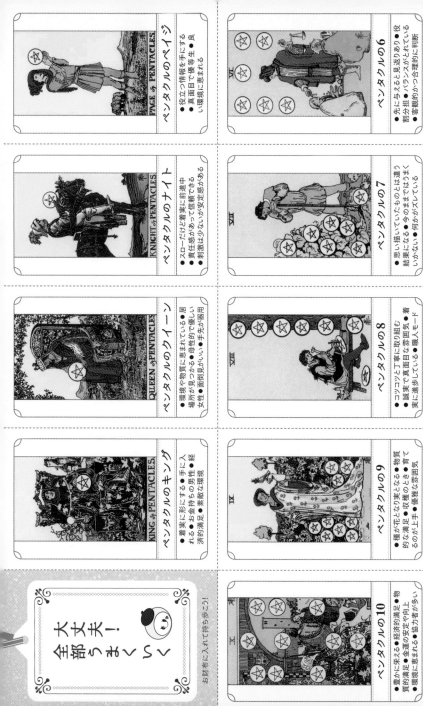

chame's
お守り

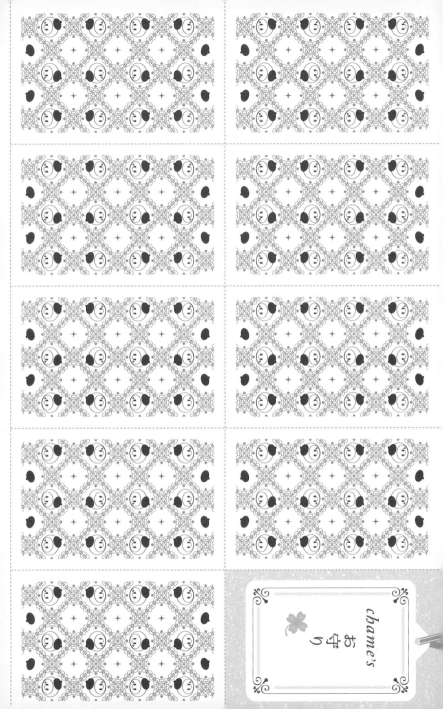